Cyrus

l'encyclopédie qui raconte 1

CHRISTIANE DUCHESNE • CARMEN MAROIS

Cyrus

l'encyclopédie qui raconte 1

Québec Amérique

Projet dirigé par Stéphanie Durand, éditrice

Conception graphique : Nathalie Caron et Nicolas Ménard
Révision linguistique : Diane Martin
Correction d'épreuves : Sabrina Raymond
Illustrations : Québec Amérique International

Québec Amérique
7240, rue Saint-Hubert
Montréal (Québec) Canada H2R 2N1
Téléphone : 514 499-3000, télécopieur : 514 499-3010

Nous reconnaissons l'aide financière du gouvernement du Canada par l'entremise du Fonds du livre du Canada pour nos activités d'édition.

Nous remercions le Conseil des arts du Canada de son soutien. L'an dernier, le Conseil a investi 157 millions de dollars pour mettre de l'art dans la vie des Canadiennes et des Canadiens de tout le pays.

Nous tenons également à remercier la SODEC pour son appui financier. Gouvernement du Québec – Programme de crédit d'impôt pour l'édition de livres – Gestion SODEC.

Canada
Conseil des arts du Canada | Canada Council for the Arts
SODEC Québec

Catalogage avant publication de Bibliothèque et Archives nationales du Québec et Bibliothèque et Archives Canada

Duchesne, Christiane
Cyrus, l'encyclopédie qui raconte
Nouvelle édition.
L'ouvrage complet doit comprendre 12 volumes.
Pour les jeunes.
ISBN 978-2-7644-3307-2 (Version imprimée)
ISBN 978-2-7644-3308-9 (PDF)
ISBN 978-2-7644-3309-6 (ePub)
1. Encyclopédies et dictionnaires pour enfants français.
I. Marois, Carmen. II. Titre.
AG25.D82 2017 j034'.1 C2017-940075-4

Dépôt légal, Bibliothèque et Archives nationales du Québec, 2017
Dépôt légal, Bibliothèque et Archives du Canada, 2017

quebec-amerique.com

Imprimé au Canada

En hommage à mon père
qui a toujours su répondre à mes questions.

C. D.

À tous ceux qui, comme moi,
ont le désir d'apprendre.

C. M.

Quand je serai grande, je veux être heureuse
Savoir dessiner un peu
Savoir me servir d'une perceuse
Savoir allumer un feu
Jouer peut-être du violoncelle
Avoir une belle écriture
Pour écrire des mots rebelles
À faire tomber tous les murs
Si l'école permet pas ça
Alors je dis « Halte à tout ! »
Explique-moi, papa, c'est quand qu'on va où…

Renaud Séchan

Qui est Cyrus ?

Très tôt, Cyrus s'est posé des questions sur l'origine du monde, la vie de la planète, les angoisses des hommes préhistoriques, la vie animale, l'univers végétal, le cosmos et le cœur des gens. Curieux comme pas un, il a cherché, il a lu, il a étudié pendant de longues années pour élucider les mille questions qu'il ne cesse de se poser. Il s'étonne encore des nouveaux phénomènes, s'intéresse aux particularités du monde qui l'entoure.

Ce qu'il aime par-dessus tout ? Partager ses connaissances, en faire profiter tous ceux et celles qui, à toute heure du jour et où qu'il soit, viennent auprès de lui pour l'interroger.

Tout au long des douze tomes de cette encyclopédie à nulle autre pareille, vous rencontrerez des dizaines et des dizaines de curieux qui, comme vous, souhaitent en connaître toujours un peu plus…

Légende

LA TERRE ET L'ESPACE, PHÉNOMÈNES ET INVENTIONS

LES ANIMAUX, LEURS HABITUDES ET LEURS PARTICULARITÉS

LES VÉGÉTAUX : ARBRES, FLEURS ET TOUT CE QUI POUSSE

LES GENS, LEUR CORPS ET LEUR VIE

CURIEUSES QUESTIONS

Pourquoi le ciel est-il bleu ?

Étendu dans la prairie, Nathaniel contemple le ciel bleu. Il fait clair et aucun nuage ne vient en ternir la beauté.

— Étrange, dit-il à voix haute. Pourquoi le ciel est-il bleu et non pas rouge, jaune ou vert ?

Il ferme un instant les yeux et tente d'imaginer à quoi ressembleraient les paysages qu'il connaît bien si le ciel, au lieu d'être toujours bleu, devenait parfois, comme dans certains films de science-fiction, jaune, mauve ou fuchsia.

Après avoir ainsi rêvassé un long moment, il se lève et décide de rendre visite à Cyrus afin de lui poser la question qui le turlupine.

— Pourquoi le ciel est bleu ? répète le savant en se frottant le menton. C'est une bonne question. Eh bien, c'est à cause de l'atmosphère terrestre.

— Je ne comprends pas bien, admet le garçon en regardant les yeux du savant, aussi bleus qu'un ciel d'été.

— Viens t'asseoir un moment, dit Cyrus.

Il désigne le deuxième transat installé à côté du sien, sous le pommier.

— La couleur bleue du ciel est due à un phénomène physique. Il faut d'abord savoir que la lumière du soleil est un mélange de toutes les couleurs de l'arc-en-ciel. On le constate quand on regarde la

lumière traverser un prisme. Un seul rayon de lumière est alors divisé en sept couleurs, comme un arc-en-ciel.

— Oui, dit Nathaniel, je le sais. Mon oncle m'a offert un prisme et je m'amuse souvent à observer la diffraction de la lumière au travers.

— Quand les rayons du soleil pénètrent dans l'atmosphère, ils rencontrent d'innombrables parcelles de matière suspendues dans l'air.

— Vous voulez dire de la poussière ?

— En quelque sorte, oui. Ce sont des parcelles de matière, des molécules suspendues dans l'air. Toutes les couleurs, sauf le bleu, atteignent la surface de la Terre sans problème.

— Et le bleu ? s'enquiert Nathaniel.

— Le bleu a tendance à rebondir sur les molécules de l'air.

— Comme un ballon ? s'étonne le garçon.

— Un peu, oui. Comme un ballon fou qui rebondirait dans toutes les directions.

— Mais le bleu du ciel est chaque jour différent, dit Nathaniel. Pourquoi ?

— Le bleu du ciel varie en fonction de la quantité de vapeur et de poussières contenues dans l'air.

— Je vois, dit le garçon en s'étirant longuement. Mais si notre planète n'avait pas d'atmosphère, de quelle couleur serait le ciel ?

— Sur la Lune, où il n'y a pas d'atmosphère, le ciel est noir, explique le savant.

— Et sur les autres planètes ?

— La poussière de Mars rend le ciel orange pâle et rose.

— J'aimerais bien admirer le ciel martien ! s'enthousiasme Nathaniel. Et sur Vénus ?

— Les nuages qui couvrent la surface de Vénus donnent un ciel d'une couleur jaunâtre, répond aussitôt l'érudit.

— J'aimerais bien visiter d'autres planètes, juste pour observer leur ciel, rêve Nathaniel.

— Peut-être cela te sera-t-il possible un jour. En attendant, prendrais-tu une limonade ?

— Bleue, rose ou jaune ? demande Nathaniel avec un sourire narquois.

En 1609, l'Italien Galilée fut le premier à faire des observations astronomiques à l'aide d'une lunette. Il faudra cependant attendre 1671 et le savant anglais Isaac Newton pour voir apparaître le premier télescope.

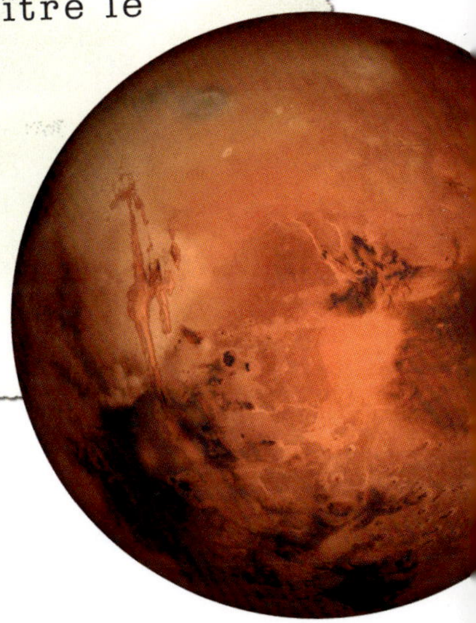

Les éléphants sont-ils gros parce qu'ils mangent beaucoup ?

En rentrant de l'école, Charlie rencontre Cyrus, les bras chargés de sacs.

— Ça sent trop bon ! dit Charlie. Qu'est-ce qu'il y a dedans ?

— Tu verras à la maison ! répond Cyrus en tendant un sac à Charlie.

Il monte du sac une odeur de cannelle, sucrée. De miel aussi ?

— Je n'ai pas le temps d'arrêter chez vous, dit Charlie.

— Tu as bien une petite faim ? demande Cyrus.

— Non, je n'ai pas faim du tout, répond Charlie, mal à l'aise. Et puis, si je mange trop, ajoute-t-il en parlant très vite, je serai gros comme un éléphant !

— Attention, Charlie, tu te trompes ! Les éléphants ne sont pas gros parce qu'ils mangent beaucoup !

Charlie lève vers Cyrus un regard étonné.

— Qui mange le plus, crois-tu ? Une souris ou un éléphant ?

Charlie éclate de rire.

— C'est l'éléphant qui mange le plus !

— Eh non ! Les éléphants ne mangent pas beaucoup. Une souris, par exemple, mange chaque jour 5 fois son poids, alors que l'éléphant mange à peine un cinquantième de son poids.

— Mais il mange plus de nourriture que la souris !

— Oui, mais ce qui importe, c'est ce que chacun mange par rapport à son propre corps. Les petits animaux doivent manger beaucoup parce que le métabolisme de leur corps est plus exigeant que celui des gros animaux.

— Le quoi ? demande Charlie.

— Le métabolisme. Ce sont toutes les transformations qui se font dans un corps : les dépenses d'énergie, la nutrition, les échanges chimiques. Les petits animaux, comme les souris, dépensent énormément d'énergie, leur cœur bat très vite. D'ailleurs, ils vivent moins longtemps que les gros animaux.

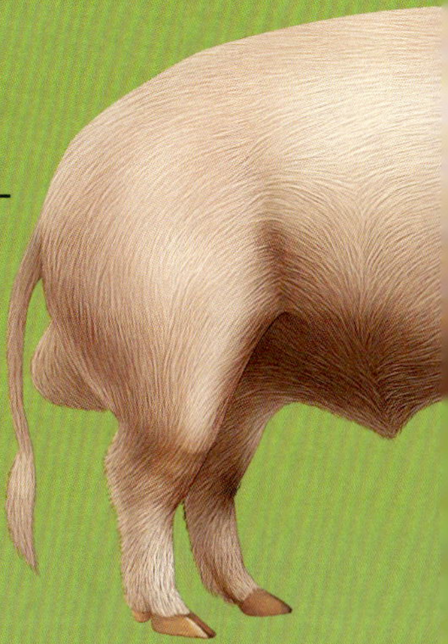

— Ça, je le savais…

— L'éléphant dépense moins d'énergie que la souris. Son cœur bat lentement, il perd moins de chaleur, et il vit plus longtemps.

— Alors, pourquoi il est si gros ? demande encore Charlie en fronçant les sourcils.

— Ça, c'est une autre histoire. L'éléphant grossit depuis des millions d'années. Il évolue. Son ancêtre, il y a 50 millions d'années, n'était pas plus gros qu'un gros porc ! Si les êtres vivants grossissent, c'est à leur avantage. Plus un animal est gros, moins il a de prédateurs. Et puis, plus il est gros, moins la température de son corps varie, plus il conserve son énergie.

— S'il grossit depuis 50 millions d'années, il va devenir plus qu'énorme, l'éléphant ! constate Charlie.

— Je pense qu'il ne grossira plus beaucoup. Tu vois, Charlie, l'éléphant est sans doute rendu à la fin de son évolution.

— Il a fini de grandir ?

— Chaque lignée d'organismes, chaque grande famille si tu veux, finit par en arriver à l'extinction, la race s'éteint, pour toutes sortes de raisons. Et l'homme n'a pas fait grand-chose pour protéger les éléphants…

— Alors, il n'y aura plus d'éléphants ?

— Ce serait très possible, répond Cyrus.

— Et nous, est-ce qu'on continue de grandir ? demande Charlie.

— Oui. Toi, mon Charlie, tu as encore bien des centimètres à prendre. Et je pense que ce n'est pas une brioche à la cannelle qui va te faire grand tort !

Charlie ne refuse pas. Le sac est lourd. Il a bien mérité sa brioche.

Petites notes sur les éléphants : ils vivent en moyenne jusqu'à 70 ans. L'éléphant d'Afrique peut peser jusqu'à 11 tonnes. À la course, il peut parfois atteindre les 40 km/h. L'éléphant d'Afrique est plus grand que l'éléphant d'Asie, ses oreilles sont plus grandes et ses défenses sont plus longues.

Comment détermine-t-on le nom des ouragans ?

Sacha entre en courant et claque violemment la porte de la cuisine. Dehors, le vent violent secoue sans ménagement les grands tilleuls de la cour. La balançoire suspendue à une branche maîtresse d'un de ces arbres vénérables est battue de manière désordonnée par le vent d'ouest qui souffle en rafales.

Le nez à présent collé au carreau, Sacha observe la tempête qui menace. De gros nuages noirs s'amoncellent à l'horizon et défilent à toute allure au-dessus du jardin. Les branches des grands arbres centenaires s'entrechoquent dans de sinistres craquements. L'herbe longue se couche, comme pour se protéger des intempéries.

Sacha est tout seul à la maison. Inquiet, il attend patiemment le retour de ses parents. Il allume la radio qui annonce le passage de l'ouragan Steve, lequel fait déjà des ravages.

— Quelle drôle d'idée de donner des noms aux ouragans ! se dit Sacha en appuyant son front au carreau froid de la fenêtre.

Il se dirige vers le téléphone et compose le numéro de Cyrus.

— Sacha ! Tu es à l'abri ? demande le savant. La tempête approche. Je viens tout juste de rentrer.

— Moi aussi, répond Sacha. Je me balançais lorsque le vent s'est mis à souffler trop fort.

— Tu as bien fait de rentrer. Tu voulais me demander quelque chose ?

— Dites-moi, Cyrus, pourquoi baptise-t-on les ouragans ?

— Cette coutume remonte à la Seconde Guerre mondiale.

— Ça fait très longtemps alors ! s'exclame le gamin.

Cyrus éclate de rire.

— Le temps est relatif, Sacha. Sache que je suis né quelques années seulement après cette guerre.

— Ah bon, vous êtes si vieux?

— C'est toi qui es encore très jeune, Sacha. À cette époque, donc, deux ouragans se sont formés en même temps. C'était difficile de les différencier et de suivre leur développement. Toi, tu me suis?

— Oui, Cyrus.

— Or, il est très important de suivre le développement des ouragans si l'on veut réduire les dégâts et prévenir les habitants de leur passage.

— Oui, la radio nous tient au courant d'heure en heure de la position de Steve, remarque le garçon.

— En donnant des noms aux ouragans, il est facile de les suivre. En baptisant les deux ouragans au cours de la guerre, les météorologues ont aussi pu éviter la confusion.

— C'était une bonne idée, admet Sacha. Mais pourquoi on l'appelle Steve ?

— On donne toujours des prénoms humains aux ouragans.

— Hum, songe Sacha. Comme les ouragans n'ont pas de parents, qui choisit le nom qu'on leur donne ?

— Les météorologues leur servent en quelque sorte de parrains, rétorque Cyrus en éclatant d'un grand rire sonore. Chaque année, une association de météorologues se réunit et établit une liste de noms : ces derniers se suivent par ordre alphabétique, et on alterne un prénom féminin avec un prénom masculin.

— Comme ça, pas de dispute possible !

— On reprend les prénoms tous les cinq ans, sauf quand les ouragans ont causé d'immenses dommages. Ainsi, les prénoms de Sandy et de Katrina ne seront plus jamais donnés à un ouragan.

Sacha regarde à l'extérieur, où le vent souffle de plus en plus violemment. Avant de raccrocher, il demande à Cyrus :

— Croyez-vous que Steve sera de nouveau utilisé comme prénom d'ouragan ?

— Espérons que oui, soupire Cyrus, les yeux braqués sur le ciel.

Soudain la communication est coupée… Seul demeure le bip… bip… bip… inquiétant.

Avant 1950, c'est par l'année suivie d'une lettre qu'on baptisait les ouragans : par exemple 1947A, 1947B et ainsi de suite.

En 1950, on leur donne des prénoms de femmes, mais à partir de 1979, on donne en alternance des prénoms d'hommes et de femmes, et préférablement des prénoms courts pour éviter la confusion dans les communications.

Comment l'ongle pousse-t-il ?

Azuline badine avec la chatte Sardine. Elle lui grattouille d'abord le derrière des oreilles, puis la couche sur le dos et lui frotte vigoureusement le ventre. Sardine n'apprécie pas la plaisanterie. Elle se relève d'un bond, crache, et griffe le doigt de sa maîtresse avant de s'enfuir par la fenêtre ouverte.

Azuline voudrait se venger et pouvoir à son tour griffer Sardine. Mais elle constate avec dépit que ses ongles rongés sont trop courts.

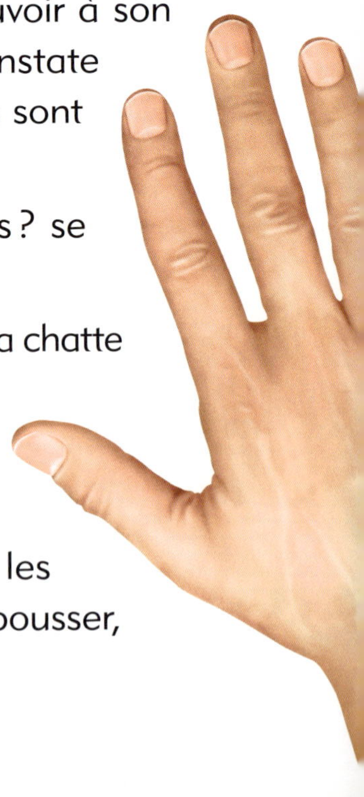

— Pourquoi n'ai-je pas de griffes ? se lamente-t-elle.

Elle a beau chercher dans le jardin, la chatte demeure introuvable.

La petite fille prend alors une importante décision.

— Je vais cesser de me ronger les ongles. Je vais les laisser pousser, pousser,

pousser ! Et, à mon tour, je pourrai griffer. Mais dans combien de temps ?

Elle sort de chez elle et part à la recherche de Cyrus. Le savant est chez lui, occupé à réparer sa clôture.

— Bonjour, Cyrus. Est-ce que je vous dérange ? demande poliment Azuline.

— Je répare ma clôture afin que les chats du quartier aient plus de difficulté à venir faire leurs besoins dans mon jardin, répond le savant avec quelque humeur.

— Les chats ! soupire la petite fille. Nous avons le même problème, Cyrus.

Sans fournir plus d'explications au savant, elle lui demande :

— Comment poussent les ongles ?

— Tu dois d'abord savoir que les ongles sont constitués de la même matière que la peau. Tes ongles sont en réalité des lames faites de cellules de peau morte.

— Vous en êtes sûr ? s'étonne la petite.

— Eh oui ! Aussi curieux que cela puisse paraître, les cheveux, les ongles et la peau sont formés des mêmes cellules. Tu n'as pas l'air de me croire.

— C'est que la peau est molle et les ongles sont durs.

— La plaque de l'ongle est dure parce qu'elle contient de la kératine, une protéine qui a la propriété de faire durcir. La plaque de l'ongle est posée sur d'autres cellules de peau, vivantes celles-là. On les appelle le *lit de l'ongle*.

— Je ne comprends pas bien, avoue Azuline en regardant ses doigts.

— C'est pourtant simple : l'ongle dur est posé sur un lit mou de cellules vivantes qui se multiplient et montent à la surface en fabriquant beaucoup de kératine, puis se dessèchent pour finalement devenir l'ongle.

Cyrus prend son marteau, une grosse poignée de clous et une planche fraîchement repeinte en bleu.

— Viens, dit-il, tu vas m'aider. Mais pourquoi ces questions sur les ongles ?

— Parce que je veux savoir combien de temps ça prendra pour qu'ils repoussent et que je puisse griffer Sardine.

— Les ongles de la main poussent plus vite que ceux des pieds, de 4 centimètres par an environ. Leur vitesse de croissance diminue avec l'âge. C'est entre 20 et 30 ans qu'elle est à son maximum.

— J'espérais que ce soit plus rapide, soupire Azuline en tenant en place la planche de Cyrus.

— Dis-moi, gronde le savant, au lieu de songer à te laisser pousser des griffes qui te feraient ressembler à une méchante sorcière, tu ne crois pas qu'il serait plus judicieux de respecter un peu plus Sardine ?

Azuline fait la moue.

— Les chats sont susceptibles, poursuit le savant. Comme les humains, ils aiment qu'on les traite avec respect et dignité.

La colère de la petite fille est à présent tombée. Elle peut donc écouter le savant avec attention.

— Tu sais, les chats ont longtemps été considérés comme des dieux. On dirait qu'ils s'en souviennent. Mais ça, Azuline, c'est une autre histoire !

La cuticule est importante parce qu'elle protège la racine de l'ongle. C'est un joint entre la peau et l'ongle, comme le silicone placé entre le muret et le rebord de la baignoire.

La cuticule empêche l'eau, le savon et les saletés de s'infiltrer sous l'ongle et d'atteindre la racine.

Pourquoi les chats mastiquent-ils la bouche ouverte ?

Mélodie pleure doucement, son chat Ulysse entre les bras.

— Il ne faut pas pleurer pour ça ! soupire Cyrus.

— Je n'arriverai jamais à lui apprendre les bonnes manières ! dit Mélodie en reniflant.

— Explique-moi donc enfin pourquoi il t'a mordue, dit Cyrus. Il a l'air tout gentil, ce chat !

— Il ne veut rien apprendre, dit Mélodie.

— Pourquoi t'a-t-il mordue ? insiste Cyrus.

— Parce que je veux qu'il mange la bouche fermée, pleurniche Mélodie. J'ai essayé de lui tenir les mâchoires, j'ai serré très fort pour qu'il mange comme il faut. Et il s'est fâché. Il a craché, il m'a mordue ! Il n'avait pas le droit !

Cyrus éclate de rire.

— Ce n'est pas drôle ! dit Mélodie.

— As-tu déjà vu un chat manger la bouche fermée ? demande Cyrus. Qu'est-ce que c'est que cette idée ?

— Je veux un chat bien élevé et poli.

— Les chats ne connaissent pas la politesse ! lance Cyrus.

— Vous en êtes certain ? dit Mélodie.

— Mais oui ! Les chats n'ont pas besoin d'être polis ! Ils ont besoin de manger et ils ne se posent pas de questions sur la manière de le faire. Ils prennent la nourriture avec leurs dents d'en avant. S'ils ont quelque chose de dur à croquer, ils envoient la bouchée vers l'arrière, sur la quatrième prémolaire supérieure très précisément, pour bien trancher le morceau. C'est très utile pour croquer les souris… Ils n'ont pas, comme nous, de dents pour mastiquer la nourriture.

— C'est dégoûtant ! coupe Mélodie.

— Mais non ! C'est pratique. Ces deux dents supérieures s'appellent *carnassières*. Parmi les carnassiers ou carnivores, ces animaux qui mangent de la chair, le chat est celui qui possède les plus belles, les plus tranchantes, bien plus tranchantes que celles du chien, tiens.

— Alors, il ne mangera jamais bien, mon Ulysse ? demande Mélodie.

— Il mange bien, pour un chat. Et il avale par grosses bouchées, alors que nous, nous avons intérêt à bien mastiquer.

— Pourquoi ils ne font pas comme nous ?

— Les chats ne mastiquent pas beaucoup. Les chiens, encore moins. Chez les loups et les coyotes, c'est même pire. Ils n'ont pas le temps de découper leur repas en petites bouchées ! Ils doivent défendre leur nourriture et la manger très vite avant que d'autres animaux ne viennent la voler, ou dévorer celui qui est en train de manger !

— Chez moi, personne ne veut des croquettes d'Ulysse ! Il n'a pas à s'inquiéter ! s'indigne Mélodie. On ne lui volera pas son repas.

— C'est un vieux souvenir, bien enraciné dans la mémoire de ton chat. Un souvenir du temps de ses ancêtres, sauvages et obligés de se battre pour avoir quelque chose à se mettre sous la dent. On avalait vite à cette époque !

Mélodie caresse la tête d'Ulysse, qui ronronne doucement sur ses genoux.

— Un gentil petit chat avec des habitudes préhistoriques !

— Un gentil petit chat que tu laisseras manger tranquille, dit Cyrus. Tu l'imagines avec un couteau et une fourchette ?

Mélodie éclate de rire et, du coup, réveille Ulysse.

— À la maison maintenant, gentil carnassier ! dit-elle.

— N'oublie pas de désinfecter la morsure ! Il ne faudrait pas que tu attrapes un microbe préhistorique ! dit Cyrus en se moquant.

Mélodie lui tire la langue et part en courant derrière Ulysse.

Le chat est un animal étonnant. Il possède une particularité assez exceptionnelle : grâce aux glandes sudoripares placées sous ses pattes, il peut marcher sans difficulté sur un sol brûlant !

Qu'est-ce que l'attraction terrestre ?

Assise dans la balançoire, Noémie observe la pleine lune. Confortablement enveloppée dans le vieux plaid écossais de sa grand-mère, elle imagine la vie qu'elle aurait si elle habitait sur la Lune.

— Bonsoir, Noémie ! Belle soirée, n'est-ce pas ?

La petite fille sursaute en entendant la voix de son voisin Cyrus.

— Oh, Cyrus ! Je m'excuse, je ne vous ai pas entendu venir.

— C'est normal, puisque tu étais dans la lune ! répond le savant.

Tous deux éclatent de rire.

— Est-ce que je peux m'asseoir avec toi un instant ? demande-t-il en s'approchant de la balançoire.

— Avec plaisir, répond aussitôt Noémie, ravie.

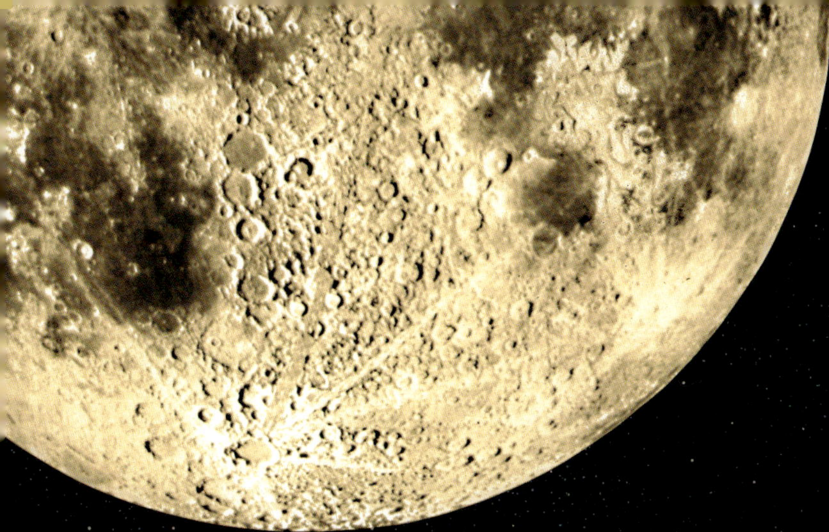

— Sur la Lune, dit Cyrus de sa belle voix de basse, nous ne pourrions pas nous asseoir ainsi. Nous flotterions dans l'espace.

— Ce serait rigolo, glousse la petite fille.

— Pendant un moment, peut-être, mais tu imagines un peu les difficultés que nous aurions à vaquer à nos occupations !

— C'est vrai, admet Noémie en riant. Au petit déjeuner, mes flocons de céréales s'éparpilleraient dans les airs. À l'école, mes cahiers, mes livres et mes crayons se disperseraient dans toutes les directions ! Mais au fait, Cyrus, demande la petite fille en interrompant sa rêverie, pourquoi est-ce différent sur la Terre ?

— À cause du phénomène physique que nous nommons *attraction terrestre*, lui répond le savant.

— Et qu'est-ce que l'attraction terrestre ? demande Noémie.

— C'est ce qui fait que nous pouvons tous les deux rester tranquillement assis à regarder la Lune.

— Et à imaginer des histoires !

— Oui. La Terre agit sur nous comme un gros aimant. Elle nous retient au sol. C'est ainsi que, si tu lances un ballon dans les airs, il retombe. Tu as déjà remarqué ce phénomène, n'est-ce pas ? demande Cyrus.

— Bien sûr. Est-ce ainsi partout sur la Terre ?

— Oui, mais de manière différente, lui explique le savant chauve. Au Canada, par exemple, la force avec laquelle nous sommes attirés au sol est de 9,8 mètres par seconde au carré. Cette force est cependant plus grande aux pôles et moindre à l'équateur.

— Est-ce que ça veut dire que les ballons lancés dans les airs par les Inuit retombent plus vite que les nôtres ou que ceux des habitants de l'équateur ? interroge Noémie, intriguée.

— Oui, en quelque sorte, lui répond le savant. Ce qui est important, c'est que tous les ballons retombent. Regarde bien la Lune, Noémie... Sans l'attraction terrestre, la Lune s'échapperait de l'orbite qu'elle suit autour de la Terre.

— Elle se perdrait dans l'espace, comme un ballon gonflé à l'hélium ? s'étonne la petite fille.

— Exactement.

— Et alors la nuit, nous ne pourrions rêver en la regardant.

— Tu sais, la Terre aussi s'échapperait dans l'espace si le Soleil ne l'attirait à lui. En fait, toute masse exerce une attraction sur un corps plus petit.

— Vous en savez des choses, Cyrus, soupire Noémie en s'enroulant dans sa couverture. Merci de toutes ces explications, mais je préfère maintenant les oublier et me laisser aller à rêver…

Le 21 novembre 1783, Pilâtre de Rozier et le marquis François-Laurent d'Arlandes, deux Français, furent les premiers humains à voler dans le ciel. Ils survolèrent Paris en montgolfière pendant une vingtaine de minutes et atteignirent une hauteur de 1 000 m.

Quand on pleure, d'où vient l'eau ?

— Qu'est-ce qui se passe, Gratte-Bedaine ? crie Cyrus par la fenêtre. Tu vas ameuter le quartier !

Gratte-Bedaine continue d'aboyer. Cyrus va donc voir ce qui cause un tel émoi chez son quadrupède chéri.

— Qu'est-ce que tu fais là ? demande-t-il en apercevant la petite Lulu cachée sous le grand pin.

— Je suis cachée ! réplique-t-elle. Votre espèce de Gratte-Bedaine m'a trahie !

— Oh ! les grands mots ! Quand Gratte-Bedaine aboie ainsi, c'est qu'il est inquiet. Ma chère Lulu, ajoute Cyrus, pourquoi te caches-tu dans mon jardin ?

— Parce que j'en ai assez ! pleurniche-t-elle.

— Explique-moi, dit Cyrus.

Cyrus aide Lulu à sortir de sa cachette.

— C'est encore la faute de Philibert. Il rit de moi parce que je pleure tout le temps. C'est vrai, Cyrus, je pleure trop… Est-ce qu'on peut se faire sécher les yeux ? D'où vient-elle, toute cette eau-là ?

Cyrus éclate de rire, ce qui a pour effet immédiat de faire monter de grosses larmes dans les yeux de Lulu.

— Si je te disais que tout le monde pleure tout le temps, est-ce que tu me croirais ? demande Cyrus.

Lulu essuie ses yeux, mouche son nez et regarde Cyrus sans comprendre.

— Sous chaque paupière supérieure, dans le coin extérieur de l'œil, se trouvent les glandes lacrymales. Elles sécrètent de l'eau qui sert à humidifier l'œil, à le lubrifier, à le nettoyer et à le désinfecter.

— Tout ça ! s'étonne Lulu.

— Il y a donc de l'eau en permanence dans tes yeux, et c'est pour cela que je te dis qu'en fait on pleure tout le temps.

— Sauf que souvent ça déborde ! dit Lulu.

— Ce sont les canaux lacrymaux qui n'arrivent plus à absorber l'eau que sécrètent les glandes lacrymales.

— Mais l'eau, Cyrus, d'où vient-elle ?

— De l'eau que tu bois ou que tu absorbes en mangeant. Ton sang, ma chère Lulu, est fait de 90 % d'eau.

— Oh ! fait Lulu, impressionnée par la quantité.

— Les glandes lacrymales prennent dans le sang l'eau dont elles ont besoin pour irriguer ton œil.

— Pourquoi c'est de l'eau salée ? demande encore Lulu.

— Tous les liquides du corps sont salés parce que les cellules ont besoin de sel pour rester vivantes. Tu absorbes du sel en mangeant et ce sel est essentiel à la vie.

— Pourquoi, quand on pleure, on se mouche aussi ?

— Parce que les canaux lacrymaux communiquent avec ton nez, tout simplement. Et comme le nez communique lui-même avec la bouche, tu peux avoir des larmes dans la bouche !

— Je vais cracher mes larmes sur Philibert ! dit Lulu.

— Ça, ce n'est pas très poli… Pas très efficace non plus, dit Cyrus.

— Alors, je vais le traiter d'« œil sec » !

— Tu le traiteras bien de ce que tu veux ! Mais d'abord, rentre vite chez toi !

Gratte-Bedaine court vers la maison en aboyant joyeusement.

— C'est l'heure du festin ! Gratte-Bedaine a faim, dit Cyrus. Sais-tu ce qu'il fait, ce gros toutou, quand il mange quelque chose qu'il aime beaucoup ?

— Non, dit la petite Lulu.

— Eh bien, il pleure ! Quand il a fini de manger, ses grands yeux bruns sont remplis de larmes, comme s'il avait eu trop de plaisir à manger.

— Même les chiens ont des larmes ! dit Lulu en flattant la tête du chien. La prochaine fois, je viendrai pleurer avec toi, Gratte-Bedaine !

Les glandes lacrymales fabriquent les larmes, nous le savons bien. Les larmes chassent les corps étrangers qui peuvent venir se loger dans l'œil. Mieux, elles tuent également les bactéries !

Quelle est la fleur qui pousse le plus haut ?

Tout triste, Jérémy s'est réfugié dans le champ de tournesols. Il aime s'enfoncer entre les tiges des grandes fleurs jaunes qui se balancent doucement au gré du vent. Le bruissement de leurs feuilles un peu râpeuses le rassure. Aujourd'hui, il fait beau et chaud, et le vent souffle du sud. Jérémy se sent mieux.

Il s'en veut de s'être emporté contre David, son meilleur ami, pour une broutille. Jérémy affirmait que ses fleurs préférées, les tournesols, étaient les fleurs les plus hautes du monde. David, au contraire, prétendait que c'étaient les roses trémières de sa grand-mère.

Jérémy soupire et s'étend sur le sol. Les mains derrière la tête, il contemple le ciel et l'ombre des fleurs géantes qui le dominent. Au bout d'un moment, il retrouve son calme et décide de courir jusque chez Cyrus.

— Dis donc, fait le savant occupé à aiguiser sa faux, tu as une drôle de mine aujourd'hui.

— C'est que…, commence le garçon en regardant le bout de ses chaussures. C'est que je me suis disputé avec David, avoue-t-il.

— Puis-je savoir quel était le sujet de votre dispute ? Les filles ?

— Non, répond Jérémy en rougissant jusqu'aux oreilles. Les fleurs.

— Oh ! C'est beaucoup moins grave que je le croyais. Alors, raconte.

— Je dis que les tournesols sont les fleurs les plus hautes du monde.

— Et David ?

— Il est convaincu que les fleurs qui ont la plus longue tige sont les roses trémières. Qui a raison ?

— Les roses trémières et les tournesols peuvent tous deux atteindre une hauteur de 2 mètres.

— Mais alors ! Nous avions tous les deux raison !

— Oui, répond le savant en rangeant sa pierre à aiguiser dans la poche de son pantalon.

— Est-ce qu'il y a d'autres fleurs aussi grandes ?

— La nicotine géante peut aussi atteindre 2 mètres de hauteur. Les rudbeckias poussent jusqu'à 4 mètres.

— Oh ! s'étonne Jérémy, qui n'a aucune idée de ce que sont les rudbeckias.

— Le spécimen de plante à fleurs aux tiges les plus impressionnantes en ce moment sur notre planète, c'est la glycine géante de Chine plantée à Sierra Madre, en Californie, en 1892. Cette glycine a maintenant des branches de 150 mètres de long ! Elle couvre 0,4 hectare et pèse 230 tonnes. Durant sa floraison qui dure 5 semaines, elle se couvre de 1,5 million de fleurs mauves et odorantes que 30 000 visiteurs viennent admirer chaque année.

Jérémy referme la bouche, qu'il avait encore toute grande ouverte, et il remercie le savant.

— Tu pars déjà ? lui demande ce dernier.

— Oui. Je vais rejoindre David qui pêche au bord de la rivière. Je déteste les disputes.

— Tu lui parleras de la glycine de Sierra Madre ?

Mais Jérémy a déjà tourné le coin de la grange et ne l'entend plus. Le savant siffle Gratte-Bedaine qui, par cette chaleur, demeure introuvable. Armé de sa faux à présent bien aiguisée, il se dirige seul vers le pré.

La fleur qui a la plus grande envergure est celle du *Rafflesia arnoldii* de Sumatra. C'est une plante parasite dont la fleur peut dépasser 90 cm de diamètre et peser plus de 10 kg !

Pourquoi un chien n'est-il pas capable de se voir sur une photo ?

— Gratte-Bedaine, c'est le plus beau des chiens ! s'exclame Anna, très fière d'avoir promené toute seule l'énorme saint-bernard.

— Heureusement qu'il ne le sait pas ! dit Cyrus en riant.

— On n'a qu'à lui montrer la photo, celle où il donne la patte…

— Il ne se verrait pas, dit Cyrus.

— Il est aveugle ? s'inquiète Anna.

— Mais non, rassure-toi. Les chiens, Anna, ont une vue plus faible que la nôtre. Ils ne distinguent pas les détails. Ils détectent les contrastes et les mouvements. La vue, chez le chien, est le sens le moins développé.

— Pauvre Gratte-Bedaine ! Être si beau et ne pas pouvoir se voir !

— En plus, les chiens ne voient qu'en noir et blanc. Les reptiles, eux, peuvent distinguer les couleurs. La tortue, par exemple, reconnaît le vert, le rouge et l'orangé. Mais pas le chien !

Anna passe ses bras autour du cou de Gratte-Bedaine.

— Pauvre, pauvre gros chien ! dit-elle.

— Ne t'en fais pas, Anna. Il voit mieux la nuit que le jour, alors que pour toi, c'est le contraire. Chacun ses caractéristiques ! dit Cyrus.

— Comment fait-il pour mieux voir la nuit ? demande Anna.

— Dans l'œil, sur la rétine, là où se forme l'image, se trouvent les cônes et les bâtonnets. Les cônes servent à la vision de jour : ils sont sensibles à la lumière et aux couleurs. Moins sensibles à la lumière et pas du tout sensibles aux couleurs, les bâtonnets, eux, servent à la vision nocturne. Comme le chien possède plus de bâtonnets que de cônes, il est normal qu'il voie mieux la nuit et que sa vision soit floue durant le jour.

— Même si je lui montrais une très, très grande photo de lui ?

— Cela ne l'intéresse pas ! Ça ne bouge pas, ce n'est qu'un morceau de papier comme un autre, répond Cyrus.

— Moi, je trouve que c'est un peu triste, murmure Anna. Lui aussi, il a l'air un peu triste…

— Les saint-bernard ont toujours l'air un peu triste, dit Cyrus. Mais Gratte-Bedaine est un chien heureux. Tu l'as bien vu, quand tu le ramenais ?

— Oh oui ! Il était content !

— Il revenait chez lui, il reconnaissait les odeurs de sa maison. Il ne voit peut-être pas très clair, mais, en revanche, son flair est 50 000 fois supérieur à l'odorat de l'humain.

— Il sent 50 000 fois plus que nous ? dit Anna en ouvrant de grands yeux.

— Et il entend les ultrasons que nous ne pouvons pas entendre, ajoute Cyrus.

— Oh ! Gratte-Bedaine ! dit Anna. Tu es une vraie merveille !

Comme s'il avait compris le compliment, Gratte-Bedaine se lève sur ses pattes de derrière, appuie ses pattes de devant sur les épaules d'Anna et, d'un grand coup de langue, lui lèche le cou. Anna éclate de rire.

— Ouach ! fait-elle. C'est gluant !

— On ne peut pas tout avoir ! Être aussi beau et donner des baisers de prince charmant !

— Je pourrai le promener encore ? demande Anna.

— Bien sûr, dit Cyrus. Tu sais ce que nous pourrons faire aussi ?

— Non, dit Anna, curieuse.

— Nous lui passerons l'attelage, nous l'attacherons à la petite voiture que j'ai dans la remise et ce sera Gratte-Bedaine qui te promènera !

— Tout de suite, Cyrus ? demande Anna, très excitée.

— Non, demain.

Lorsque Anna quitte la maison de Cyrus, elle sait qu'elle aura toutes les peines du monde à attendre au lendemain. Elle se voit déjà, une ombrelle à la main, assise dans son carrosse doré, tirée par le plus beau chien du monde…

Il semble que le chien soit devenu l'ami de l'homme aux alentours de 8000 ans av. J.-C. C'est donc une amitié de très longue date…

Pourquoi, quand on a froid, on claque des dents ?

Félix galope sur le sentier qui descend de la colline, son cerf-volant sous le bras. Félix fabrique des cerfs-volants de toutes les formes. C'est le spécialiste du papier qui vole. Aujourd'hui, même si le vent était bon, il revient au pas de course. D'un coup, le vent est devenu glacial. Félix est furieux. Le vent était parfait, les conditions étaient excellentes, et tout a raté parce qu'il grelotte.

— Cyrus a sûrement quelque chose de chaud à me prêter ! se dit-il tout à coup.

La maison de Cyrus est toute proche.

— Cyrus ! Cyrus ! Ouvrez-moi vite, je gèle ! crie Félix en tambourinant sur la porte de Cyrus.

Pas un son, pas un mouvement dans la maison. Félix n'entend même pas Gratte-Bedaine qui, pourtant, devrait japper comme il le fait lorsqu'on sonne ou qu'on frappe.

— Il doit être allé promener le chien, je l'attends ! dit Félix.

Félix s'assied devant la porte et lève les yeux vers le ciel. Les nuages défilent à toute allure.

Lorsque Cyrus arrive avec son chien, Félix sursaute, hypnotisé qu'il était par les nuages galopants.

— Mais tu grelottes, mon Félix ! Entre vite, dit Cyrus en sortant ses grandes clés de sa poche.

— Un glaçon, Cyrus ! Je me sens comme un glaçon ! Je venais d'ailleurs vous emprunter un lainage, un chandail, une veste, n'importe quoi de chaud pour pouvoir faire voler mon numéro 2424 sans claquer des dents.

— Ton quoi ?

— Mon 2424 ! Mon dernier modèle ! Le cerf-volant télescopique !

Cyrus réprime un sourire et s'empresse de faire chauffer du lait.

— Tu vois, dit Cyrus, tu as déjà moins froid.

— J'entendais mes dents claquer ! dit Félix. Voulez-vous bien me dire pourquoi nos dents claquent quand on a froid ?

— C'est tout simple, répond Cyrus. Le corps humain possède un thermostat…

— Pour contrôler la température ? Comme dans une maison ?

— Exactement. Ce thermostat est situé à la base du cerveau, dans l'hypothalamus. Si la température du corps descend plus bas que 37 degrés Celsius, l'hypothalamus réagit et fait tout ce qui est en son pouvoir pour ramener la température au degré normal.

— Qu'est-ce qu'il fait, exactement ? demande Félix.

— Il nous fait grelotter et claquer des dents.

— C'est sérieux ?

— Très sérieux. Pour nous faire grelotter, l'hypothalamus active les fibres des muscles. C'est un mouvement involontaire, bien différent des mouvements volontaires qui font lever un bras ou avancer la jambe.

— Je ne vois pas ce que ça donne, murmure Félix.

— Ça réchauffe ! dit Cyrus. La contraction des muscles produit de la chaleur et rétablit la température normale du corps.

— Et pendant qu'on se réchauffe, on grelotte et on claque des dents ! s'exclame Félix.

— Voilà !

— Cyrus ! Le lait déborde !

Cyrus se rue sur la casserole, évite la catastrophe de justesse et en offre un verre à Félix, avec du sucre et de la cannelle.

— Un lait chaud, ma veste bleue et tout ira bien..., dit Cyrus. Et si j'allais avec toi sur la colline ? Je pourrais le voir en action, ton 2424 ?

La température normale du corps humain est de 37 °C. En dessous de 30 °, il y a risque d'arrêt cardiaque : c'est l'hypothermie grave.

Pourquoi ne sent-on pas la Terre tourner ?

Le nez dans sa barbe à papa, Fédor regarde tourner la grande roue en se demandant pourquoi on ne sent pas tourner la Terre. Il lève les yeux vers la grande roue brillamment illuminée et aperçoit Cyrus qui lui fait des signes de la main.

Dès que le manège s'immobilise, le garçon se précipite à la rencontre du savant afin de lui poser la question qui le tarabuste.

— À quelle vitesse crois-tu que tourne la Terre ? lui demande Cyrus à son tour.

— Je n'en ai aucune idée, répond Fédor à présent alléché par l'odeur des gaufres.

— La Terre tourne à 1000 kilomètres à l'heure !

— Mais ça paraît impossible ! s'écrie Fédor, qui se sent étourdi rien que d'y penser.

— Si tu ne la sens pas, c'est qu'autour de toi tout tourne à la même vitesse, même les molécules de l'air que tu respires.

— Arrêtez, Cyrus, supplie Fédor. Vous allez me faire vomir !

— Mais non, voyons. Tu connais la force de la gravitation ?

— Euh…, réfléchit le garçon. C'est ce qui fait que, lorsqu'on est assis dans quelque chose qui tourne

très, très, très vite, on est comme collé à son siège? répond Fédor en mordant dans sa gaufre.

— Exactement. Sur la Terre, c'est la force de la gravitation qui nous retient au sol. Si nous n'en avons pas conscience, c'est parce que ce qui nous entoure, y compris l'air, tourne à la même vitesse : les maisons, les villes, les pays. C'est parce que cette vitesse est régulière que tu ne sens pas la Terre tourner. Galilée, d'ailleurs…

— Galilée… le grand Galilée? demande Fédor.

— Le grand Galilée avait proposé l'exemple suivant : des mouches et des papillons enfermés dans la cabine d'un bateau voguant à grande vitesse voleraient aussi normalement qu'en plein air.

— Les bateaux ne devaient pourtant pas aller très vite à l'époque de Galilée, remarque Fédor.

— C'est une image! dit Cyrus. Pense à une mouche dans un avion volant à 500 kilomètres à l'heure. C'est la même chose. Le mouvement uniforme est

« comme nul », pour employer l'expression de Galilée.

— Ça me donne quand même le tournis, s'exclame le garçon, dont le museau est barbouillé de crème.

— Imagine un instant que tu puisses te suspendre dans le vide devant ta maison. Ou mieux, que tu puisses t'isoler dans une bulle flottant dans l'espace. De ce point fixe, tu verrais alors ta maison passer à 1000 kilomètres à l'heure !

À cette idée, Fédor sent son cœur chavirer. Il contemple avec dégoût ses doigts poisseux.

— Comment se fait-il que, même quand ça tourne aussi rapidement, je puisse tout de même faire des gestes ? demande-t-il au savant.

— La Terre est très grosse et tourne très vite, répond ce dernier. Nous sommes tellement petits que nous sommes retenus au sol ; cela ne nous empêche pas de fonctionner parce que l'air bouge à la même vitesse que nous. Tout tourne à la même vitesse ! Cela devrait te rassurer, mon Fédor !

— Cela me rassure, Cyrus. Et je crois que j'ai bien compris, mais…

— Qu'est-ce qui se passe ? dit soudain Cyrus. Tu es tout pâle !

— La barbe à papa, la gaufre à la crème...

Fédor n'en peut plus. Il sent soudain sa tête tourner et il regrette alors amèrement sa gourmandise.

Il faut dépenser beaucoup d'énergie pour se libérer de l'attraction terrestre et gagner une orbite. Aussi a-t-on dû attendre 1957 pour enfin être capable d'envoyer un premier satellite dans l'espace, 1959 pour atteindre la Lune et 1969 pour voir un premier homme fouler le sol de notre satellite.

Les animaux sont-ils fidèles à leur partenaire ?

— Arthur veut toujours avoir raison ! dit Babi en regardant le feu monter dans la cheminée.

— Qu'est-ce qu'il affirme encore ? demande Cyrus.

— Il m'a juré que les chats ne se reproduisaient jamais avec la même femelle ; que les taureaux, les chevaux avaient des bébés avec une femelle différente chaque fois.

— Et tu veux savoir s'il a vraiment raison ?

— C'est pour cela que je suis venue vous voir. Est-ce que les animaux sont fidèles à leur partenaire, oui ou non ?

— Certains animaux le sont, d'autres pas.

— Expliquez-moi…

— Les taureaux, les moutons, les coqs et les chevaux que tu connais sont des animaux d'élevage.

Ils vivent sur des fermes. Ce sont des mâles reproducteurs qui servent à fertiliser des dizaines et des dizaines de femelles. Ils n'ont pas le choix : ils ne vivent pas en liberté et on leur impose des femelles. Ils ont beaucoup de bébés avec de nombreuses femelles.

— C'est leur travail ?

— Oui. C'est une sorte de travail, dit Cyrus.

— Les animaux fidèles alors, ce sont lesquels ? demande Babi. Les vers de terre, les mouches, les homards et les truites ?

— En ce qui les concerne, je ne crois pas qu'ils soient fidèles. Et, de toute façon, tu dois savoir que chez plusieurs espèces, l'accouplement ne se produit qu'une fois. Le problème ne se pose donc pas, dit Cyrus en riant.

— Alors lesquels restent avec la même femelle toute leur vie ?

— Chez les oiseaux, il y a notamment la tourterelle triste, l'oie, la bernache et le corbeau. Chez les mammifères, le lion et le guépard, entre autres, sont des mâles fidèles. On est aussi sûr d'une chose : les loups sont des animaux fidèles. Des chercheurs ont mis des bagues aux pattes de certains loups, des sortes d'étiquettes qui permettent de les reconnaître. Ainsi, on a pu observer que les mâles demeuraient toujours avec la même femelle. Ils ne changent de partenaire que si elle meurt.

— Je sais qu'il y a toutes sortes de recherches qui se font sur les loups..., dit Babi.

— Ce qui est intéressant, c'est que les loups organisent leur vie sociale d'une façon très précise. Ils ont un territoire bien défini sur lequel ils vivent, chassent et s'accouplent. Si, une année, un loup s'aperçoit qu'il y aura pénurie de nourriture sur son territoire, il limitera le nombre des naissances.

— J'aime les loups, dit Babi.

— Moi aussi, dit Cyrus, l'air pensif, en plaçant de nouvelles bûches dans la cheminée.

— Et vous, votre femme, où est-elle ? demande Babi avec un sourire timide.

Cyrus reste un instant bouche bée. Puis il sourit à Babi.

— Qui te dit que j'ai été marié ? dit-il enfin.

— Je… je ne sais pas…, bafouille Babi. Il me semble que vous seriez bien avec quelqu'un…

— On ne se mêle pas des secrets de Cyrus, sinon les oreilles nous tombent ! dit le grand homme en pinçant le menton de Babi.

Le loup, animal fidèle, se charge d'alimenter ses petits et sa femelle, qui garde la tanière. Il est capable de jeûner pendant plusieurs jours si le gibier se fait rare.

?!

Comment rêve-t-on ?

Maxence a faim. Il trouve devant lui un bol géant, de la grandeur d'une piscine, qui contient d'énormes quartiers de fruits colorés et juteux. Le nez collé contre la paroi du bol, le gamin salive.

— Comment y plonger ? dit Maxence.

Il contourne le bol et découvre une échelle. Il y grimpe et se retrouve au sommet d'un tremplin qui surplombe le bol gigantesque.

Alléché, Maxence s'apprête à plonger. Il s'élance. Il saute une fois, deux fois, trois fois et… il s'éveille.

— Zut ! s'exclame le garçon en s'étirant. Juste au moment où j'y arrivais ! Comment peut-on rêver à des choses semblables ?

Sans plus attendre, il décide de téléphoner à Cyrus.

— Tu sais l'heure qu'il est ? bougonne le savant.

— Je m'excuse, mais comment rêve-t-on ? Pour moi, c'est un mystère.

— C'est un mystère pour bien des gens, dit Cyrus. Les médecins cherchent des explications physiologiques, mais on cherche aussi à expliquer le sens des rêves. Ça, c'est beaucoup plus complexe, et mystérieux…

— Alors, expliquez-moi ce que les médecins savent.

— Le sommeil se divise en phases de 90 minutes environ, explique Cyrus. Chacune de ces phases se subdivise à son tour en trois stades : le sommeil lent léger, le sommeil lent profond et enfin le sommeil paradoxal. C'est à ce stade que nous rêvons, donc de 4 à 6 fois par nuit.

— Je croyais qu'on ne rêvait qu'une fois par nuit, s'étonne Maxence.

— Non, et tu peux faire plusieurs rêves au cours d'une même phase. Pendant la période de rêve, ton corps est comme paralysé, mais le cerveau est aussi actif que lorsque tu es éveillé.

— C'est incroyable !

— Le cerveau stimule les neurones, il active tous les sens : la vue, l'odorat, l'ouïe, le goût…

— Je rêvais que j'avais faim, dit Maxence.

— C'est possible, admet Cyrus. On suppose que c'est cette stimulation des sens qui crée les rêves. On croit que les mécanismes du rêve naissent dans le tronc cérébral, une partie du cerveau.

— Et ensuite ?

— Ce dernier enverrait, sous forme d'influx électriques, des excitations nerveuses au cortex occipital. Le cortex le décoderait et permettrait de les voir avec la même netteté que les images que l'on perçoit dans la réalité.

— Mon bol géant de salade de fruits semblait bien réel en tout cas ! Mais qu'est-ce qui excite le tronc cérébral ? demande Maxence.

— C'est encore un mystère, mon garçon.

— Il y a des nuits où je ne rêve pas…

— Tu rêves toutes les nuits, mais tu ne t'en souviens pas toujours.

— Pourquoi?

— Tu te souviens plus facilement de ton dernier rêve, celui que tu fais avant de t'éveiller le matin, ou lorsque tu t'éveilles, comme cette nuit, au cours de ton rêve. Tu sais, on peut même apprendre à se souvenir de ses rêves.

— Et il n'y a que les humains qui rêvent?

— Non, tous les mammifères rêvent. Les dauphins, on ne sait pas encore. Les animaux à sang froid, comme les tortues et les autres reptiles, n'ont pas cette période de sommeil paradoxal, donc ils

ne rêvent pas. Maintenant, conclut le savant, retourne vite te coucher.

— Merci, dit Maxence en bâillant et il raccroche.

Chez les animaux, les herbivores dorment moins que les carnivores. Ainsi, les caribous dorment moins que leurs prédateurs, les loups.

Pourquoi les bébés naissent-ils sans dents ?

— Ma mère vient d'avoir un bébé, annonce Gontran à Cyrus.

— Et tu es content ?

— Moui, fait le garçon.

Il s'empresse de grimper au côté de Cyrus, assis sur la clôture entourant le pré.

— Regarde, lui dit ce dernier, ma jument Calliope a mis bas un magnifique poulain. Il est beau, hein ?

— Il est beau ! approuve Gontran, qui adore les chevaux. Et comment l'appellerez-vous ?

— Il s'appelle Orphée.

— Ah bon, fait le garçon.

Il aurait préféré quelque chose comme Star ou encore Lucifer. Les deux amis se

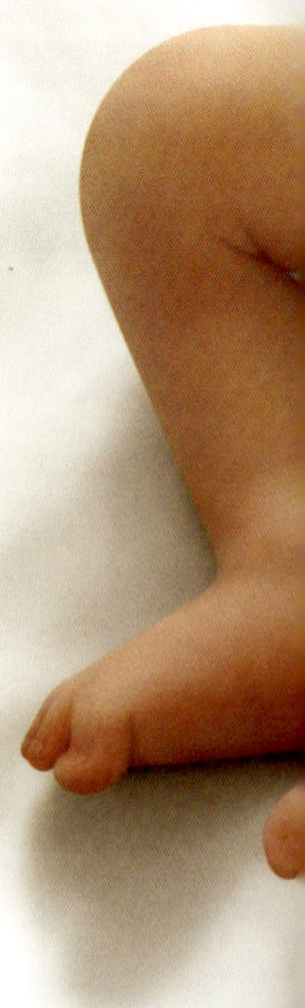

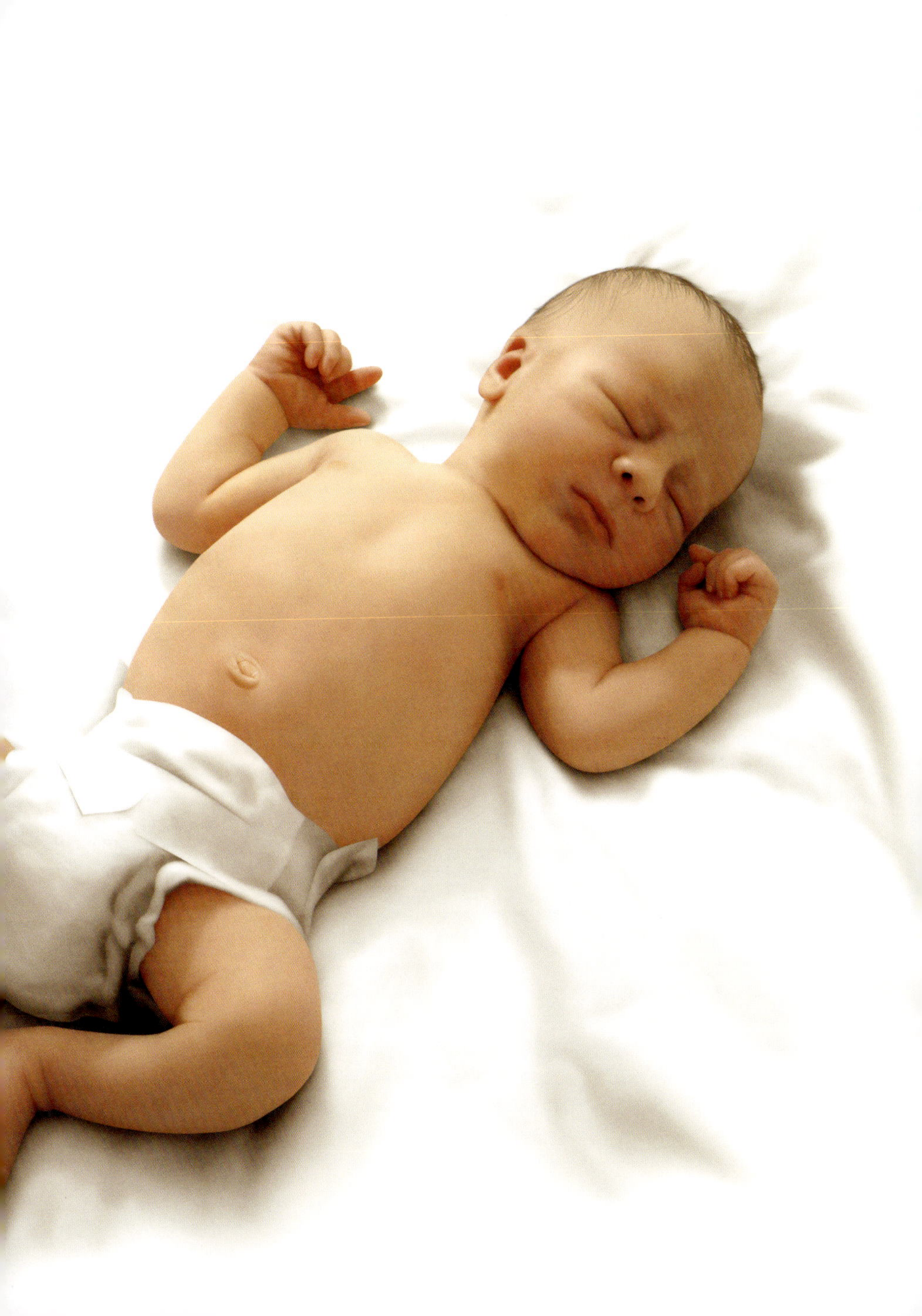

taisent et observent le poulain qui gambade joyeusement autour de sa mère. Impassible, celle-ci broute avec application l'herbe grasse qui pousse dru.

— Et comment s'appelle votre nouveau bébé ? demande Cyrus.

— Noëlle.

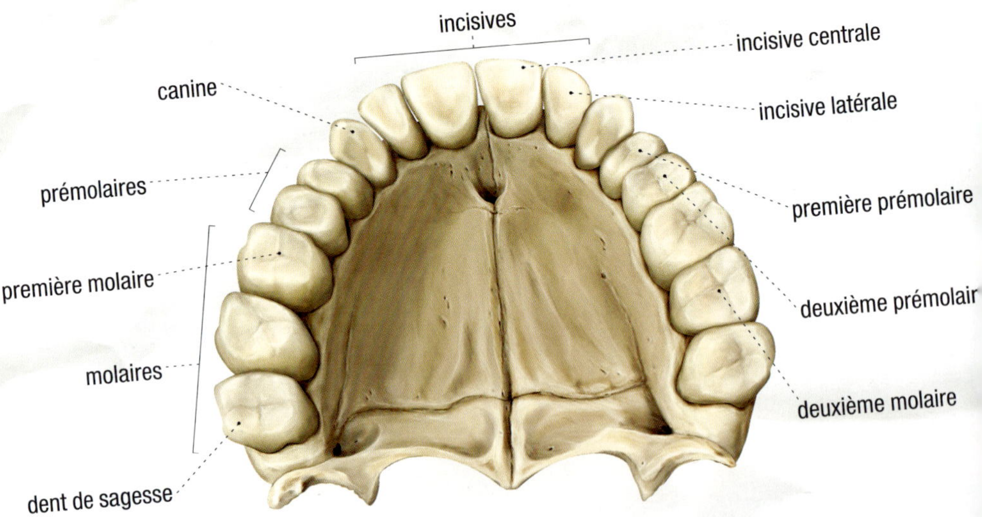

— Une petite fille ! Tu dois être heureux.

— Je la trouve laide, avoue Gontran. Elle est toute rouge et toute fripée, elle n'a pas un cheveu et pas une dent. Une horreur !

— Noëlle n'a que quelques jours, dit Cyrus. Laisse-lui le temps.

— Mais pourquoi les bébés naissent-ils sans dents ? demande Gontran. Ça leur fait un sourire affreux.

— Jusqu'à l'âge de 3 mois, les bébés se nourrissent exclusivement de lait. Leur estomac n'est pas prêt à recevoir de nourriture solide.

— Est-ce pareil pour les chevaux ? demande Gontran en observant le pur-sang.

— C'est pareil pour tous les mammifères, répond l'érudit. Tu remarqueras qu'Orphée ne broute pas encore. Il se nourrit essentiellement du lait de sa mère.

— Hum, réfléchit Gontran. C'est vrai qu'on n'a pas besoin de dents pour boire du lait !

— C'est probablement pourquoi les bébés n'ont pas de dents à la naissance. Qui plus est, ils risqueraient de blesser les mamelles de leur mère.

— Quand les dents commencent-elles à pousser? demande le garçon.

— Chez l'humain, les incisives inférieures...

— Les quoi? l'interrompt Gontran.

— Les dents de devant, en bas, lui explique le savant. Elles commencent habituellement à pousser entre l'âge de 6 et 10 mois. Suivent les incisives supérieures. Plus tard, entre 12 et 19 mois, apparaissent les premières molaires. Les canines font leur apparition entre 16 et 23 mois, et les deuxièmes molaires entre 20 et 30 mois.

— Entre 20 et 30 mois, répète Gontran en effectuant un rapide calcul mental. Il faut presque deux ans pour avoir toutes ses dents!

— Bravo! Et ces dents de lait commencent à tomber vers l'âge de 6 ans.

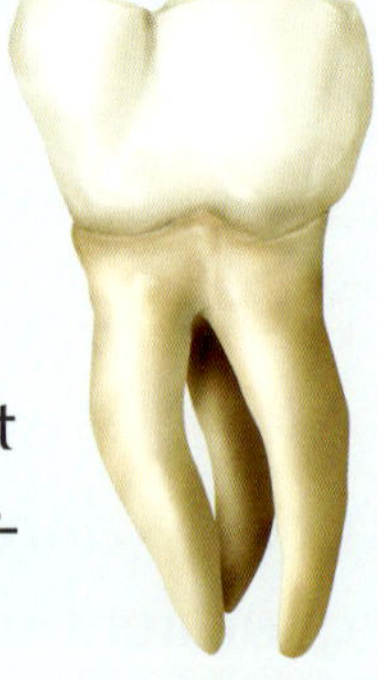

— Moi, j'ai 11 ans, dit fièrement Gontran. J'ai encore perdu une dent ce matin.

— C'est normal. Il faut généralement attendre 12 ans pour que les dents permanentes soient toutes poussées.

Gontran fouille dans la poche de son pantalon et en sort un mouchoir soigneusement plié qu'il tend au savant.

— Ta dent ? s'étonne ce dernier.

— Oui, répond le garçon.

— Tu l'as gardée ?

— Oui, je vais la placer sous mon oreiller, ce soir, et faire un vœu.

— Et quel souhait formuleras-tu ?

— Que ma petite sœur devienne plus jolie !

Vieux de près de 6000 ans, le papyrus Ebers retrouvé à Louxor parle de moyens de combattre la rage de dents et de façonner de fausses dents. On a d'ailleurs retrouvé plusieurs momies avec de fausses dents...

Pourquoi les chevaux dorment-ils debout ?

Anastasie s'est levée très tôt pour voir le soleil se lever. Les brumes du matin flottent encore dans les replis du champ. Les effluves qui montent de la terre n'ont rien à voir avec ceux du jour. Fraîche, fine et pure, l'odeur du champ qui se réveille… Anastasie a tout le temps de monter sur la colline pour voir le soleil apparaître.

— Il y a quelqu'un là-haut, se dit-elle en fixant une longue silhouette qui se détache à peine du ciel.

Ce n'est qu'en arrivant à mi-chemin qu'elle reconnaît Cyrus. Tout heureuse, elle court au sommet de la colline.

— Vous avez eu la même idée que moi ! s'écrie-t-elle.

— Chut ! fait Cyrus, un doigt sur la bouche. Le jour n'est pas encore levé. Tout dort encore…

— Pas les petits chevaux là-bas, souffle Anastasie en montrant un troupeau au bout du champ. Ils sont debout !

— Ils sont petits parce qu'ils sont loin. Je les connais, ce sont de grands chevaux noirs. Et ils dorment.

— Cyrus, murmure encore Anastasie, ils ne dorment pas, ils sont debout !

— C'est comme ça qu'ils dorment, chuchote Cyrus.

— Ils ne se couchent jamais ?

— Parfois oui, ils se couchent.

Et, à mi-voix, Cyrus explique :

— Debout, les chevaux dorment d'un sommeil léger. Quand ils se couchent, leur sommeil est plus profond. Les chevaux n'ont pas besoin de dormir aussi longtemps et aussi profondément que les humains.

— Moi, je dors 10 heures par nuit ! dit fièrement Anastasie.

— Le cheval, lui, a besoin d'environ 3 heures de sommeil par jour. Et, là-dessus, il ne dort profondément que pendant 30 ou 40 minutes. Les humains dorment 7 ou 8 heures, durant lesquelles ils ont une heure et demie de sommeil profond.

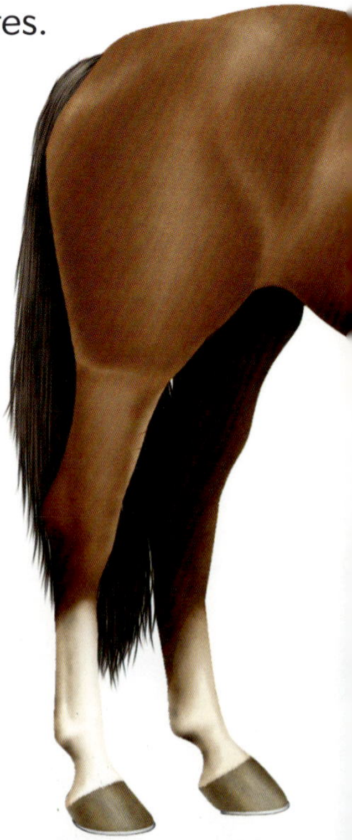

— Il n'a pas mal aux pattes, le cheval, quand il dort debout ? demande doucement Anastasie.

— Justement non. Et sache que pour les chevaux, on dit *jambes* et non *pattes*.

S'il avait mal, il se coucherait, tu penses bien. S'il peut rester debout quand il dort, c'est que les ligaments de ses jambes bloquent les articulations du fémur, du tibia et de la rotule. Il peut donc se tenir debout très longtemps sans se fatiguer.

— Et se reposer debout! dit Anastasie.

— Le cheval a tout de même besoin de se coucher, poursuit Cyrus. Il le fait surtout la nuit. Mais s'il entend le moindre bruit inquiétant, il se relève très vite.

— Il s'installe comment, pour se coucher ?

— Il plie d'abord ses jambes de devant, à l'articulation qui correspond à notre poignet, puis à l'autre qui serait celle de notre coude. Ensuite, il se met à genoux sur ses jambes de derrière et s'étend sur le côté.

— Cyrus, souffle tout à coup Anastasie. Regardez, le ciel est rose…

— Fixe bien l'horizon, là devant toi. C'est là que le soleil va apparaître…

— Oh ! chuchote la petite fille. Il se lève !

— Et les chevaux sont réveillés… Vois-tu les petits autour de leurs mamans ?

— Si vous les connaissez, Cyrus, irons-nous les voir quand le soleil sera monté dans le ciel ?

— Nous irons les voir et tu pourras même monter Ésope.

— Ésope ? demande Anastasie.

— C'est le plus gentil, et il adore les petites filles, chuchote Cyrus.

La durée de vie d'un cheval est en moyenne de 20 à 25 ans. Une célèbre exception : Old Billy qui a vécu jusqu'à 62 ans. Né en 1760 en Angleterre, il est mort en 1822.

Comment peut-on voir une tornade alors que c'est de l'air qui la compose ?

— Une tornade, c'est de l'air ! lance Pénélope. Et l'air, c'est invisible.

— J'en ai déjà vu une ! réplique Philomène.

— Je ne te crois pas ! crie Pénélope.

— Tu ne veux jamais me croire ! C'est comme un gros tourbillon noir !

— Mets de l'air dans un pot, secoue-le pour voir si ça va faire un tourbillon ! Philomène, tu es menteuse !

Philomène serre les dents. Chaque fois qu'elle parle de quelque chose d'étonnant, Pénélope se fâche et la traite de menteuse.

— Tu vas bien voir que j'ai raison. On va demander à Cyrus ! Il sait tout, dit Philomène.

— C'est un savant ? demande Pénélope.

— Oui, et un savant que je connais ! réplique Philomène, hautaine.

Pénélope marche derrière Philomène, bien convaincue que celle-ci a tort. Lorsqu'elles arrivent chez Cyrus, il leur ouvre grand la porte.

— Je savais que vous veniez chez moi ! dit-il en riant.

Pénélope s'étonne en silence : est-ce qu'il sait vraiment tout ?

— Cyrus, dit aussitôt Philomène, je vous présente Pénélope et je voudrais que vous lui disiez que je ne suis pas menteuse.

— C'est vrai, mademoiselle Pénélope, mon amie Philomène n'est pas menteuse, répond Cyrus.

— Elle dit qu'elle a vu une tornade, dit Philomène, mal à l'aise devant le grand homme. Et moi, je ne la crois pas parce qu'une tornade, c'est de l'air et que l'air, c'est invisible.

— Je vais vous expliquer. Installez-vous et retrouvez votre bon caractère !

Pénélope et Philomène s'asseyent l'une à côté de l'autre sans se regarder.

— Une tornade se forme à partir d'un très gros nuage, un cumulo-nimbus. C'est un nuage de tempête qui, sous l'effet de courants d'air, peut se transformer en tornade.

Pénélope ouvre la bouche, mais Cyrus poursuit.

— Une tornade, c'est une colonne d'air qui provient de la base du cumulo-nimbus et qui tourne sur elle-même de façon très violente. On dirait en fait un nuage en entonnoir…

— Mais…, coupe Pénélope.

— Un instant, dit Cyrus pour éviter toute discussion inutile. La tornade est bel et bien de l'air qui se déplace à des vitesses qui peuvent atteindre 500 kilomètres à l'heure ! Ce vent déplace tout ce qui se trouve sur son passage. Si on voit la tornade, c'est qu'elle transporte toutes sortes de débris et de poussières qu'elle soulève en passant. Elle peut déraciner des arbres et soulever des maisons. La base de la tornade a, en moyenne, une largeur de 100 mètres. Est-ce que l'explication vous satisfait, mesdemoiselles ?

— Oui, dit Pénélope, un peu penaude. Mais j'avais un peu raison.

— Et moi, très raison, ajoute Philomène.

— De plus, affirme Cyrus, on retrouve même des tornades dans la mer, mais en ce cas, on ne parle pas d'une tornade, mais d'une trombe marine. Elles sont moins dangereuses que les tornades, mais elles sont plus fréquentes.

— Merci, monsieur, dit Pénélope. Est-ce que vous savez vraiment tout ?

Cyrus sourit et fait un clin d'œil à Philomène.

— Je connais bien des choses, dit-il tout bas, l'air mystérieux.

Quand on dit :
« Il est entré comme une tornade ! », on comprend tout de suite qu'il y a urgence.

Pourquoi les animaux ont-ils une queue ?

— Ouille ! Gratte-Bedaine, tu devrais faire plus attention, gronde Bastienne. Tu m'as fait mal avec ta grosse queue.

La petite frotte son mollet douloureux.

— Les saint-bernard sont de gros chiens, dit Cyrus en sortant de derrière la haie. Leur queue est puissante.

— Je m'en suis aperçue, ronchonne Bastienne.

— Ce bon Gratton ne voulait pas te faire de mal, lui explique le savant. Il était simplement heureux de te revoir. Regarde-le, le pauvre ! Il est tout dépité.

Bastienne s'approche du chien et caresse gentiment la tête du gros animal.

— Mais pourquoi les animaux ont-ils une queue ? demande Bastienne à Cyrus.

— As-tu cinq minutes ?

— Bien sûr !

— Alors, suis-moi. Je dois me rendre au marché avant onze heures.

Suivie de Gratte-Bedaine, Bastienne emboîte le pas au savant.

— La vie a commencé dans l'eau. Les premiers animaux qui y vivaient ont développé une queue afin de pouvoir se propulser.

— Mais Gratte-Bedaine ne vit pas dans l'eau ! rétorque avec justesse la petite fille.

— Non. Mais lorsque les premiers animaux aquatiques sont sortis de l'eau, ils ont conservé leur queue.

— Pourquoi donc ?

— Parce qu'ils vivaient à la fois sur la terre et dans l'eau. C'étaient des amphibiens.

— Mais Gratte-Bedaine…

— Ne va pas trop vite, coupe Cyrus. Au cours des siècles, les amphibiens sont devenus des reptiles. Ceux-ci utilisent leur queue comme balancier pour avancer et comme moyen de défense : ils s'en servent pour donner des coups.

— Mais Gratte-Bedaine n'est pas un reptile !

— L'évolution des espèces est une affaire de temps. Tu vas trop vite.

— Bon, ronchonne Bastienne. J'écoute.

— Chez les quadrupèdes vivant sur la terre, la queue s'est développée davantage que chez les animaux aquatiques. Les mammifères se servent de leur queue pour garder l'équilibre, comme les reptiles d'ailleurs. Ils s'en servent aussi pour saisir les choses ou s'agripper.

— Comme les singes capucins ! s'exclame la petite.

— La queue d'un animal est le prolongement de sa colonne vertébrale…

— Et ceux qui n'ont pas de queue ? demande Bastienne.

— Ils n'en ont plus parce qu'ils n'en ont plus besoin, dit Cyrus.

— Gratte-Bedaine a encore besoin de la sienne !

— Oui, même si c'est un animal évolué, n'est-ce pas mon vieux ? demande le savant au chien qui le suit joyeusement.

— On dirait qu'il comprend !

— Mais évidemment qu'il comprend ! dit Cyrus. Chez les mammifères…

— … comme Gratte-Bedaine…

— Oui. Comme Gratte-Bedaine. Chez les mammifères, donc, la queue sert aussi à la communication. Lorsqu'il est joyeux…

— Comme tout à l'heure…

— Oui, soupire l'érudit, comme tout à l'heure. Lorsqu'il est joyeux, il remue la queue pour le dire.

— Nous voilà arrivés au marché, remarque Bastienne.

— Juste à temps ! fait Cyrus, qui pense aux olives qu'il veut acheter.

Si l'on condensait l'histoire de la Terre en une année, l'époque des dinosaures se situerait vers le 15 décembre et l'apparition de l'Homme (*homo sapiens*) quelques minutes avant minuit, le soir du 31 décembre...

Comment se fait-il que la neige dans les montagnes ne fonde pas, puisqu'elle est plus près du Soleil ?

Hélène bougonne, marmonne et rebougonne.

— Si au moins tu disais que tu ne le sais pas au lieu de me raconter des histoires de fou ! dit-elle.

Son frère Albert ne connaît rien, elle en a la preuve.

— Albert, lui dit-elle, tu es un ignorant !

— Si tu n'es pas contente, va demander à Cyrus ! répond-il.

— Je ne le connais pas ! dit Hélène.

— Mais oui, tu sais qui c'est ! dit Albert.

— Je sais qui c'est, mais je ne lui ai jamais parlé.

— Vas-y tout de même ! Il adore qu'on lui pose des questions !

C'est ainsi qu'Hélène se retrouve, toute timide, dans le salon de Cyrus.

— Voyez-vous, dit-elle, il y a une chose que je ne comprends pas : comment se fait-il que la neige qu'il y a au sommet des montagnes ne fonde pas, alors qu'elle est plus près du Soleil ? J'ai posé la question à mon frère, mais il me répond chaque fois des bêtises…

— Qu'est-ce qu'il t'a répondu ? demande Cyrus.

— Que la neige des hauts sommets n'est pas de la vraie neige, mais bien de la neige artificielle pour faire venir les touristes !

Cyrus éclate de rire.

— Et tu l'as cru ?

— Bien sûr que non ! réplique Hélène.

— Tu sais, Hélène, ce que c'est, la pression ?

— Non…

— La pression atmosphérique, c'est le poids de l'air à un endroit précis de la Terre. La pression est différente si tu es au bord de la mer ou très haut sur une montagne.

Hélène observe Cyrus sans dire un mot. « S'il est capable de répondre à toutes les questions qu'on lui pose, songe-t-elle, ça ne veut pas dire qu'on comprend. Moi, je ne comprends pas vraiment... »

Et, comme s'il avait lu dans les pensées d'Hélène, Cyrus dit :

— Je vais te donner un exemple, car ce n'est pas très facile à comprendre.

Hélène sourit, soulagée.

— Vous êtes six, poursuit le savant, et vous décidez de vous empiler les uns par-dessus les autres. Toi, tu es en dessous. Question : qui va avoir le plus chaud ?

— Moi, répond Hélène.

— Oui, c'est toi qui vas avoir le plus chaud, car tous les autres exercent une pression sur toi. Et qui va avoir le moins chaud ?

— Celui du dessus, parce que personne ne fait de pression sur lui ! répond fièrement Hélène.

— Voilà ! dit Cyrus. Plus tu es haut, comme la neige sur le sommet d'une montagne, moins la pression de l'air est grande, plus il fait froid.

— Alors la neige ne fond jamais ?

— Elle peut fondre un peu, mais comme chaque hiver la neige s'accumule de nouveau, il en reste toujours. C'est ce qu'on appelle les *neiges éternelles*.

— Qu'est-ce qui la fait fondre, la neige, s'il fait froid ? demande encore Hélène.

— Tu vois, le Soleil réchauffe la terre. C'est la terre, en devenant plus chaude, qui fait fondre la neige qui la recouvre. Mais plus la neige est sur un haut sommet, moins la terre arrive à la réchauffer…

— Je m'en vais de ce pas donner l'explication

à mon grand Albert de frère ! L'ignorant qui sait tout…, dit Hélène.

— Et dis-lui de ma part de venir me voir au lieu de raconter des bêtises. Il n'y a pas de mal à s'informer. Tu le lui diras ?

— Bien sûr que oui ! lance Hélène en traversant le jardin au pas de course.

En Tanzanie, le Kilimandjaro culmine à 5895 mètres. Âgés de plus de 10 000 ans, ses glaciers auraient perdu 32 % de leur masse depuis le début du notre siècle et pourraient disparaître d'ici 2030.

Comment les os allongent-ils ?

— Non, Yukio, tu es trop petit, lui dit son frère aîné. Le basket-ball est un sport de grands.

— Je veux venir avec toi, insiste le gamin.

— Non, rétorque fermement Yoshi, il n'en est pas question. Allez ouste ! Du vent !

Il s'éloigne à grands pas vers le gymnase de l'école.

Yukio regarde avec envie son frère qui a démesurément grandi au cours des six derniers mois. Le garçon est triste et se demande pourquoi il reste si petit. Il décide de sortir de la ville. Il marche lentement sur la route poussiéreuse, car il se sent seul et désœuvré.

Soudain, il aperçoit Cyrus qui revient sur son vieux vélo, un modèle de musée auquel le savant se montre désespérément attaché.

Arrivé à la hauteur du garçon, le savant freine dans un grincement effrayant et finit par s'arrêter à l'aide de ses semelles.

— Tu pleures, Yukio ? s'inquiète-t-il.

— Mon frère est devenu trop grand, pleurniche le gamin. Il ne veut plus jouer avec moi. Comment est-ce possible ?

— C'est normal, le console l'érudit, toi aussi tu grandis.

— Comment faire pour grandir plus vite ? interroge Yukio, soudain plein d'espoir.

— Rien d'autre, mon garçon, que de laisser faire la nature. Il faut du temps, et tu deviendras grand.

— Mais comment allongent les os, Cyrus ?

— L'os est vivant, il évolue. De la naissance de l'enfant jusqu'à l'âge de 15 ans environ, il va grandir.

— Oui, mais comment ? insiste le garçon.

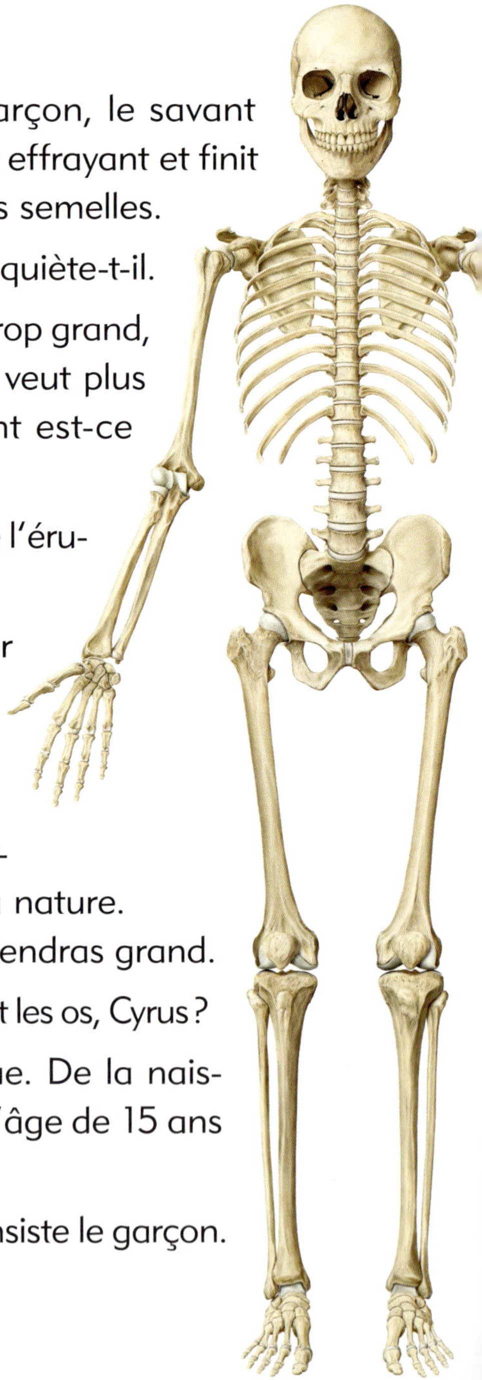

Le savant pose sa bicyclette dans l'herbe sur le bord du chemin et s'assied avant de répondre :

— Imagine une maison que l'on reconstruirait constamment.

— Ce ne serait pas de tout repos !

— C'est pourquoi je t'ai dit qu'il fallait du temps. Il faut que la structure de la maison soit agrandie constamment, puisque la maison devient de plus en plus grande ! Tout grandit : tes poumons, ton cœur, ton cerveau, ta peau, tes ongles, ton nez... La charpente doit suivre !

— Tout un chantier ! s'exclame Yukio.

— À la surface de l'os se trouve une fine couche dans laquelle courent des nerfs et des vaisseaux sanguins. Au centre de l'os, c'est la moelle osseuse qui fabrique les globules rouges et les globules blancs. Entre les deux, c'est l'os compact. L'os n'est donc pas de la matière inerte. Tu vois, l'os est un organe vivant, qui se nourrit pour grandir et qui évolue, comme tous tes autres organes. Entre 3 et 9 ans, les enfants grandissent de 3 à 5 centimètres par an.

— Et ensuite ? demande Yukio, impatient.

— Quel âge as-tu ? lui demande le savant en se relevant.

— Dix ans ! Depuis deux jours…, ajoute-t-il.

— C'est la pleine période de croissance. Tu devrais à présent prendre une dizaine de centimètres par année et rejoindre ainsi rapidement ton frère. Ne désespère pas !

Yukio regarde le bout de ses chaussures et réfléchit.

— Je dois à présent rentrer, lui dit le savant. Et toi, où vas-tu ?

— Au bord de la rivière pour chercher des têtards.

— Sois prudent et ne rentre pas trop tard, conseille l'érudit en enfourchant de nouveau sa vieille bécane.

Les os nous protègent ! Au nombre de vingt-six, les os du crâne protègent notre cerveau.

Est-ce que les colimaçons naissent avec leur coquille ?

— Antonin ! Antonin ? Attends-moi ! crie Cyrus, essoufflé.

Antonin éclate de rire et roule encore plus vite.

— Fais attention ! Tu vas te casser autre chose !

Antonin freine brusquement et s'arrête.

— On n'a pas idée ! dit Cyrus. La jambe plâtrée des orteils à la cuisse, et tu files dans ton fauteuil roulant comme dans une voiture de course !

Antonin sourit.

— Vous savez ce qui serait bien, Cyrus ? Qu'on ait les os à l'extérieur, pas à l'intérieur du corps…

— Pardon ? s'étonne Cyrus.

— Oui ! fait Antonin, convaincu de la justesse de son idée. Si nos os étaient à l'extérieur, ce serait bien plus facile de les réparer !

— Ça, dit Cyrus, c'est pour les colimaçons !

— C'est vrai ? demande Antonin, tout surpris.

— Tout à fait vrai. Les colimaçons, ou les escargots, et tous les membres de cette drôle de famille ont une coquille…

— … qui leur sert de maison, dit Antonin.

— Justement pas. En fait, la coquille du colimaçon, c'est son squelette, mais un squelette extérieur ! Tu imagines ?

— Alors, ce n'est pas si fou, mon idée ! murmure fièrement Antonin. Mais est-ce qu'ils naissent comme ça, déjà tout enveloppés ?

— Presque. À sa naissance, le minuscule escargot possède une ébauche de coquille. Sur son dos se trouve une petite glande qui forme d'abord une calotte. Par la suite, le manteau (une membrane, située sous la coquille, qui recouvre le corps de l'animal) sécrète le calcaire nécessaire à la

fabrication de la coquille. La coquille grossit au même rythme que l'escargot, jusqu'à une certaine limite.

— Du calcaire, Cyrus, c'est comme de la pierre ? demande Antonin.

— C'est très dur. On dit que c'est comme « un morceau de roche en liberté » !

— Un peu comme nos os…

— Oui, mais en moins solide ! Donc, l'escargot, très mou, peut se tenir dans cette coquille bien dure et ne pas se faire croquer tout rond par les affamés.

— À moins que les affamés n'aiment croquer les coquilles, dit Antonin.

— La coquille protège tout de même l'escargot et lui permet de s'abriter dans un milieu bien humide pendant les périodes de sécheresse.

— Il ne se promène pas avec sa maison sur son dos, mais avec son squelette-bouclier ! dit Antonin.

— Voilà ! Mais il se promène très lentement ! Savais-tu que c'est lui, ce petit, qui bat les records de lenteur ? Il avance à une vitesse moyenne de 50 mètres à l'heure…

Antonin ouvre grand les yeux.

— Cinquante mètres à l'heure ? Moi, je trouve que ce n'est pas si mal pour une si petite chose !

— Tu ferais mieux de suivre un peu son exemple si tu ne veux pas te retrouver avec une deuxième jambe plâtrée, avec les roues de ton fauteuil roulant tordues…, dit Cyrus.

— Je devrais peut-être porter aussi un casque de vélo ? répond Antonin en éclatant de rire.

Il repart le plus vite qu'il peut, envoie la main à Cyrus.

— Merci pour l'information ! lance-t-il de loin.

— Et attention de ne pas rouler sur un escargot ! lui crie Cyrus.

L'escargot est un animal végétarien. Sa coquille peut mesurer entre 1 et 4 cm. Il est hermaphrodite, c'est-à-dire qu'il est à la fois mâle et femelle. Il pond ses œufs dans un trou qu'il creuse lui-même.

Pourquoi l'eau de source est-elle froide ?

— Aïe ! Aïe ! Aïe ! s'écrie Balthazar en reposant son verre d'eau.

Il se frotte la mâchoire et semble beaucoup souffrir. Surpris, Cyrus le regarde et s'inquiète :

— Qu'y a-t-il, mon garçon ?

— C'est ma dent, se plaint Balthazar. J'ai mal à une dent et l'eau trop froide me fait horriblement mal.

— C'est l'eau de ma source. C'est pour ça qu'elle est froide, lui dit Cyrus. Tu vois le troisième robinet ? C'est celui qui lui est réservé. Ainsi je profite de l'eau de la municipalité et de celle de ma source…

— On dirait qu'elle est restée plusieurs jours au frigo ! Aïe ! Aïe !

— L'eau de source provient de l'eau de pluie, explique Cyrus, qui tente de distraire le garçon.

— Je ne vois pas le rapport, gémit Balthazar. L'eau de pluie n'est pas aussi froide.

— Réfléchis un peu, Balthazar !

— Je réfléchis mal quand j'ai mal aux dents.

— L'eau de pluie n'est pas nécessairement froide lorsqu'elle tombe sur le sol. Elle va se refroidir plus tard. La pluie traverse les différentes couches du sol, poursuit le savant : le sable, la terre, les roches, le gravier, et ce, jusqu'à ce qu'elle soit retenue par une couche imperméable.

— Imperméable ? Comme mon ciré jaune ?

— Exactement. Dès que la pluie atteint une roche imperméable, elle reste emprisonnée dans la terre à 2 ou 3 mètres de la surface.

— Et elle reste là ?

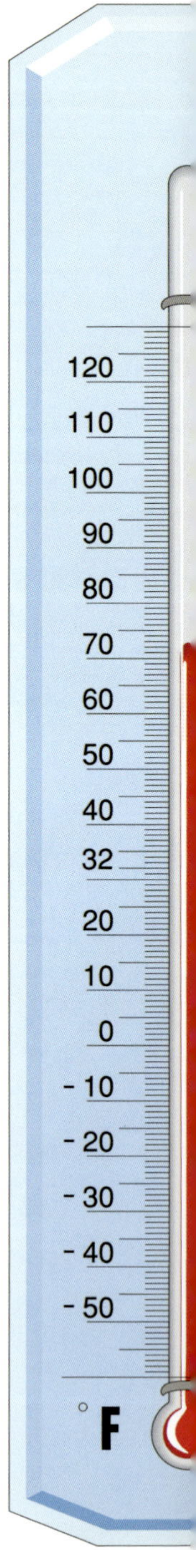

— Oui, elle s'y accumule. Ici, dans notre pays, à cette profondeur, la température se situe à 3 ou 4 degrés Celsius, la température d'un réfrigérateur.

— Je croyais que le centre de la Terre était chaud, s'étonne Balthazar en se massant doucement la joue droite.

— À 2 ou 3 mètres, répond le savant en souriant, on est encore loin du centre de la Terre !

— Mais pourquoi 3 ou 4 degrés Celsius, la température d'un frigo ? demande le garçon. C'est un drôle de hasard, non ?

— Cela n'a rien à voir avec le hasard, précise Cyrus. Cette température équivaut à la moyenne des températures qu'il fait dehors pendant une année dans notre pays.

— Mais alors, songe Balthazar, dans les pays chauds, l'eau de source doit être également plus chaude !

— Brillante déduction ! rétorque aussitôt le savant.

Celui-ci fait une courte pause. Il coupe une rondelle de citron et en presse quelques gouttes dans son verre d'eau claire. Puis, il poursuit :

— Dans les pays où il fait plus chaud, l'eau de source est de quelques degrés plus chaude que la nôtre.

Le visage de Balthazar s'illumine soudain d'un grand sourire radieux.

— Ah ! fait-il, ses yeux noirs pétillants de joie. J'ai compris ! Si je veux éviter d'avoir mal aux dents, je dois déménager dans un pays tropical !

— Ou bien rendre tout de suite visite au dentiste !

Balthazar, que cette idée ne réjouit guère, prétexte des devoirs à terminer pour s'éclipser bien vite. Il sort précipitamment, entraînant avec lui Gratte-Bedaine qui le reconduit jusqu'à la grille.

Les Romains raffolaient des boissons fraîches. Pour satisfaire leurs goûts, ils n'hésitaient pas à aller chercher de la neige dans les Apennins. Ils la stockaient ensuite dans des caves et des puits spécialement aménagés à cet effet, ancêtres de nos réfrigérateurs modernes. Ceux-ci ne commencèrent à être fabriqués industriellement qu'à partir de 1922 aux États-Unis et en 1935 en Europe.

Si un ver entre dans une pomme, est-ce qu'il va en sortir et est-ce que le trou va se refermer ?

Quand Willi arrive chez Cyrus, il est si étonné qu'il en oublie sa question. Dans la cuisine, une montagne de pommes, une véritable montagne !

— Cyrus ! Qu'est-ce que vous allez faire de tout ça ?

— Des tartes et de la compote, tiens ! dit Cyrus. Tu voulais me demander quelque chose, Willi ?

— J'ai oublié ! Quand j'ai vu les pommes, j'ai oublié…

— Tu en veux une ?

— Oh non ! dit Willi en reculant.

— Prends-en une ! insiste Cyrus.

— Je ne mange jamais de pommes, murmure Willi.

— Jamais ?

— Même pas dans les tartes, même pas en compote. Jamais !

— Willi ! Ce n'est pas possible ! C'est tellement bon ! Et bon pour la santé.

— Cyrus, dit Willi tout bas, j'ai peur de manger des pommes...

— Tu as peur des pommes ? demande Cyrus avec un bon rire.

— J'ai peur des vers. Il y a des vers dans les pommes. Et, ajoute Willi très rapidement, si le ver est dans la pomme et qu'il n'en ressort pas ? Et si le trou par lequel il est entré se referme, le ver est prisonnier et, comme on ne voit pas le trou, on ne sait pas que le ver est là et on le mange !

— Doucement, doucement, Willi ! Reprends ton souffle ! Qu'est-ce que tu me racontes là !

— C'est pour cela que je ne mange pas de pommes ! dit Willi en essuyant ses lunettes.

— Écoute-moi bien ! D'abord, ce ne sont pas des vers qu'il y a dans les pommes. Ce sont des larves d'insectes…

— Ouach ! hurle Willi.

— Les larves d'insectes n'ont pas de pattes et elles ressemblent à des vers…

— Cyrus, c'est horrible ! crie Willi.

— Plusieurs espèces d'insectes pondent, à différents moments, sur le bourgeon de la pomme ou sur la mouche.

— La mouche ? dit Willi, l'air dégoûté.

— Le petit bouton que tu vois, à l'opposé de la queue… Les larves se nourrissent de la pomme et s'y installent en attendant de devenir insectes.

— Mais alors, on les mange ? fait Willi, presque sans voix.

— Pas toujours. Certaines larves laissent une trace sur la pelure de la pomme, d'autres non.

— Mais si on les mange ? souffle Willi.

— Si on les mange, cela nous fournit une petite dose-surprise de protéines ! Il n'y a rien de grave à manger une larve !

— Pour moi, c'est très grave ! J'ai peur d'être empoisonné. D'ailleurs, dit Willi en ajustant ses lunettes, c'est sans doute des larves qu'il y avait dans la pomme de Blanche-Neige…

— Mais non ! Pour nous, les larves ne se mangent pas pour la simple raison que nous n'en avons jamais pris l'habitude. Mais il y a des pays où les gens les mangent avec plaisir, frites ou grillées…

— Et ils ne meurent pas ! s'étonne Willi.

— Je te l'ai dit, c'est plein de protéines ! C'est bon pour la santé ! J'ai déjà mangé des vers à soie, tiens, et ce n'était pas mauvais du tout.

— Cyrus, j'ai mal au cœur, dit timidement Willi.

— Va respirer un peu d'air frais, dit Cyrus. Tu verras, Willi, avec un petit effort, tu seras un jour capable de croquer dans une pomme sans mourir de peur !

Il existe plus de mille variétés de pommes : rouges, vertes, jaunes, crème, petites, grosses, sucrées ou surettes… La récolte des pommes se fait en automne. Le pommier est l'espèce fruitière la plus cultivée dans le monde.

Pourquoi les chats ont-ils peur de l'eau ?

L'eau du lac est sombre et froide, mais cela ne gêne pas Iphigénie, car elle adore se baigner et nager. Sur le quai, Sornette, sa petite chatte blanche, la regarde avec une trace de mépris au fond de ses prunelles jaunes.

« Reviens, reviens donc ! semble-t-elle supplier. Il faut être folle pour passer autant de temps dans l'eau sans même y être obligée ! »

Iphigénie se demande bien pourquoi les chats ont tellement peur de l'eau. Gratte-Bedaine, lui, adore nager et jouer dans l'eau du lac.

La petite fille sort de l'eau et s'enroule aussitôt dans une grande serviette. Elle enfile ses chaussures de plage et se dirige vivement vers la berge où Cyrus pêche l'achigan.

— Pourquoi les chats ont-ils peur de l'eau ? chuchote Iphigénie à l'oreille du savant.

Son père lui a appris à quel point les pêcheurs apprécient la discrétion.

— Les chats n'ont pas peur de l'eau, lui répond Cyrus d'un ton normal. Ils ont simplement peur de faire de nouvelles expériences.

— Comme mon père ! Il répète toujours qu'il déteste l'imprévu.

— C'est que certaines personnes se comportent un peu comme les chats. Comme eux, elles détestent affronter de nouvelles expériences.

— Moi, au contraire, dit Iphigénie, j'adore explorer les recoins du lac et les parties de la forêt que je ne connais pas encore.

— Oui, mais tu n'es pas un chat, rétorque le savant en lançant encore une fois sa ligne à l'eau. Tu sais, les chats sont des animaux très propres. Ils n'ont pas besoin d'eau pour se laver puisqu'ils se lèchent. Ils n'ont pas besoin non plus de pêcher pour se nourrir.

— Tous les chats détestent l'eau alors ? conclut Iphigénie.

— Non. Oups ! Ça mord !

Le savant prend le temps de sortir son poisson de l'eau et de le déposer dans un seau d'eau avant de poursuivre.

— Certains chats aiment sortir quand il pleut ou bien sauter dans la baignoire pendant qu'elle se vide. D'autres vont se laver les pattes dans la cuvette des W.-C. ou jouer avec le filet d'eau qui s'échappe d'un robinet.

— C'est vrai, réfléchit la petite fille. Sornette aime bien jouer ainsi avec un filet d'eau.

— Tu vois, lui dit le savant, tu n'as pas besoin de faire peur à ta petite chatte ni de la contraindre à aimer l'eau. Il te suffit de savoir que Sornette n'a pas besoin de se mouiller.

— Mais j'aimerais tellement qu'elle vienne nager avec moi, comme le gros Gratton avec vous ! soupire Iphigénie.

— Si tu voulais te baigner avec un félin, lance l'érudit, il te faudrait adopter un tigre.

— Brrr ! J'aurais bien trop peur !

— Seulement les tigres, eux, adorent l'eau. Elle fait partie de leur habitat naturel. Les tigres aiment nager et pêcher pour se nourrir.

— Le problème, remarque Iphigénie en frissonnant, c'est qu'ils ne se nourrissent pas que de poisson !

— Tu as cent fois raison, admet Cyrus en enroulant sa ligne.

— Vous rentrez ? demande Iphigénie.

— Oui, j'ai assez pêché pour aujourd'hui. Le travail m'attend. Prends donc Gratte-Bedaine avec toi, ajoute le savant. Amène-le nager, il manque d'exercice et devient chaque jour plus poussif.

— C'est vrai ! s'exclame Iphigénie. Je peux ?

— Tu nous rendrais service à tous les deux, rétorque le savant.

Il s'empare du seau et rejette les achigans à l'eau avant de se diriger à grands pas vers sa maison.

Pourquoi dit-on des chats qu'ils marchent à pattes de velours ? Parce que leurs griffes, cinq aux pattes avant et quatre aux pattes arrières, sont rétractiles, c'est-à-dire qu'elles rentrent sous la peau quand le chat n'en a pas besoin. Il marche alors sur ses coussinets, sans faire de bruit...

Pourquoi, quand on fait bouillir un œuf, le jaune reste-t-il toujours au milieu ?

— Cyrus ! s'écrie Eulalie. C'est à Cyrus qu'il faut que je parle ! Comment n'y ai-je pas pensé plus tôt !

Eulalie range ses trente-neuf œufs dans une boîte, place la boîte dans son sac d'école et part en courant chez Cyrus.

— Aujourd'hui, il est chez lui, je le sais. Le mardi, il écrit !

Eulalie court comme une gazelle, ne craignant pas pour ses œufs, car ils sont bien cuits.

— Cyrus ! Cyrus ! appelle-t-elle en frappant du poing sur la porte de son chauve préféré.

— Ah ! c'est toi ! dit Cyrus, bougon.

— Je sais que c'est mardi ! Mais aujourd'hui j'ai besoin de vous. Écoutez bien…

Cyrus n'a pas d'autre choix que de laisser entrer Eulalie, qui le précède à la cuisine.

— J'ai fait cuire quarante-deux œufs. J'en ai coupé trois en deux. Et, chaque fois, le jaune est exactement au milieu, centré, parfaitement placé au beau milieu du blanc. Or, j'ai choisi des œufs qui n'ont pas la même dimension, qui n'ont pas tous la même couleur. Pourquoi alors sont-ils tous pareils à l'intérieur ?

— Parce que ce sont des œufs frais ! répond Cyrus.

Eulalie ouvre de grands yeux.

— Évidemment qu'ils sont frais ! marmonne-t-elle, vexée.

— Comment sais-tu qu'ils le sont ? Tu as fait le test dans l'eau ?

— Non, dit Eulalie.

— Un œuf frais dans un bocal d'eau coule au fond. Un œuf moins frais se tient sur sa pointe. On sait aussi qu'un œuf est frais quand son jaune est bien centré.

— Moi, je croyais que si la coquille était très sale…, coupe Eulalie.

— Non, dit Cyrus. Tout se passe à l'intérieur. Le jaune de l'œuf est enveloppé dans une membrane et rattaché à la coquille par deux cordons. Comme un ballon retenu par des élastiques. Le jaune d'œuf doit être bien suspendu par ses cordons,

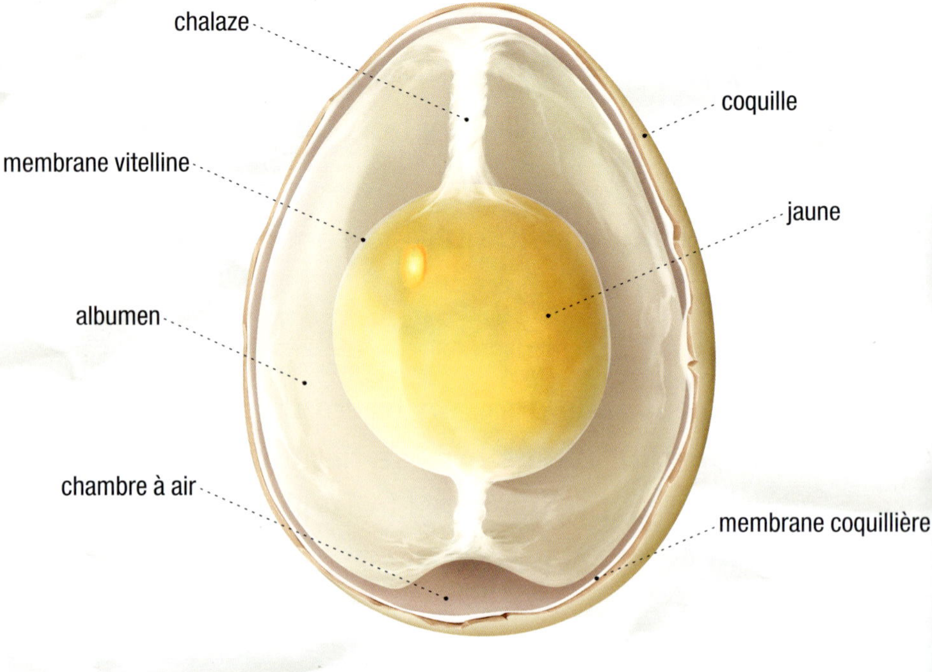

appelés *chalazes*. Ce sont des filaments d'albumine, une matière appartenant au groupe des protéines. Le blanc de l'œuf, lui, s'appelle *albumen*. Si le jaune n'est pas centré dans le blanc, c'est signe que l'œuf n'est pas frais.

— Tout ça dans un œuf ordinaire…, souffle Eulalie.

— Donc, tes œufs sont frais. Tu peux aussi vérifier leur fraîcheur d'une autre façon. Tu casses l'œuf dans une assiette. Si le blanc se répand comme un liquide, l'œuf n'est pas frais. Au contraire, s'il est épais et visqueux, l'œuf est frais.

— Je vois, dit Eulalie, songeuse.

— Et que veux-tu faire de ces trente-neuf œufs durs ? demande Cyrus, un peu curieux.

— Je ne sais pas si je devrais vous le dire, murmure Eulalie.

— Tu peux tout me dire…, dit Cyrus en riant doucement.

— J'ai décidé de bombarder Veb !

— Veb ?

— Victor-Étienne Bridell. Celui qui dit à tout le monde que j'ai les orteils palmés...

— Eulalie ! s'exclame Cyrus. La prochaine fois que tu voudras bombarder quelqu'un, ne fais surtout pas cuire tes œufs ! Il faut que ça dégouline ! Et si tu peux en trouver des pourris, ce sera beaucoup plus efficace ! déclare Cyrus.

— Alors, je vous laisse mes œufs durs, lance Eulalie en riant, et je vais de ce pas en acheter des crus, et tant mieux s'ils sont pourris ! Vous aimez les œufs durs, Cyrus ?

Contrairement à ce que plusieurs croient, les poules ne pondent pas un œuf par jour. Entre les périodes de ponte, elles s'accordent des moments de repos. Le record de ponte a été établi au Missouri par une poule Leghorn blanche : elle a pondu 371 œufs en 365 jours !

Comment les cactus survivent-ils dans le désert ?

Zacharie s'installe devant Cyrus, l'œil furieux.

— Je me suis encore ridiculisé !

Ce matin-là, raconte Zacharie, il a eu le malheur d'affirmer que c'était de l'eau qu'il y avait dans la bosse des dromadaires. Les deux plus grands de la classe ont éclaté de rire en disant : « Et dans les cactus, il y a de la graisse, tiens donc ! »

Zacharie a horreur de passer pour un imbécile.

— Je ne savais même pas que la bosse d'un dromadaire contenait de la graisse. Comment pourrais-je savoir ce qu'il y a dans un cactus ?

— Si tu vivais dans un désert, dit calmement Cyrus, qu'est-ce qui te manquerait le plus ?

— Ma mère ! s'écrie Zacharie.

— Si tu vivais dans un désert, reprend Cyrus, avec ta mère, ton père, tes frères et tes sœurs, qu'est-ce qui te manquerait le plus ?

— Euh… De l'eau ? hasarde Zacharie.

— Voilà ! Sans eau, la vie est impossible, poursuit Cyrus. Les cactus vivent dans des endroits où l'eau est très rare. Ils ont donc des racines très longues et très nombreuses qui se développent dans le sol. Cela leur permet d'absorber très rapidement l'eau de pluie…

— S'il pleut ! fait Zacharie.

— Les racines agissent comme des pompes et celles des cactus sont 9 fois plus puissantes que celles des autres plantes.

— Mais où va-t-elle, l'eau, dans le cactus ? demande Zacharie.

— L'eau est emmagasinée dans les tissus de la tige. Comme le cactus possède une peau très épaisse, l'eau ne risque pas de s'évaporer. Tu ne voudras peut-être pas me croire, Zacharie, mais certains grands cactus de l'Arizona peuvent contenir 10 tonnes d'eau. C'est une bonne réserve, non ?

— Et ça sert à qui ?

— Au cactus lui-même ! Sans l'eau qu'il puise et met en réserve, il mourrait. Mais tu sais que, bien souvent, l'eau des cactus a servi à l'homme…

— À quel homme ?

— Aux hommes, aux femmes, aux gens, si tu préfères ! dit Cyrus. Dans des périodes de grande sécheresse, les cactus ont sauvé des vies ! Ils ont empêché des gens de mourir de soif.

Zacharie s'imagine s'approchant d'un cactus et devant subir l'assaut de leurs épines !

— Et leurs épines, Cyrus, à quoi servent-elles ?

— Les épines très serrées des cactus, ou les espèces de cheveux qui les enveloppent parfois, servent à les protéger des trop grands froids et des trop fortes chaleurs. C'est un isolant.

— Il y a une chose que je ne comprends pas…

— Quoi donc ? demande Cyrus.

— On fait un trou dans le cactus et l'eau sort ?

— Non, pas tout à fait. On fait un trou dans le cactus, on le creuse comme on y creuserait un bol. Et c'est dans cette cavité que se ramasse une certaine quantité d'eau.

— Ça dépend de la grosseur du cactus ! réplique Zacharie.

— Bien sûr ! Il y en a de toutes les dimensions. Il y a même, au Mexique, des cactus qui mesurent 2 mètres de hauteur et 1 mètre de diamètre, et qui pèsent une tonne !

— Je pense que j'en sais assez, Cyrus. Et si quelqu'un me dit qu'il y a de la graisse dans les cactus, je saurai quoi répondre !

Cyrus ne dit rien, ne rit surtout pas, et regarde partir un Zacharie sérieux, décidé, qui n'a rien d'un imbécile…

Les cactus fleurissent, oui, oui ! Mais pour les faire fleurir, il ne faut surtout pas trop s'en occuper. Ils ont besoin d'être un peu… malmenés. En effet, lorsqu'une plante est négligée, elle réagit en fleurissant pour se reproduire. Ainsi, si on n'arrose pas nos cactus, si on ne leur donne pas d'engrais, si on les laisse près d'une fenêtre pendant l'hiver, ils produiront de magnifiques fleurs au printemps ou à l'été.

Pourquoi les astronautes n'ont-ils pas le vertige dans l'espace ?

Tranquille, Gulliver joue seul dans sa chambre. Une question saugrenue jaillit brusquement dans son esprit : pourquoi les astronautes n'ont-ils pas le vertige lorsqu'ils naviguent dans l'espace ?

Il délaisse aussitôt son modèle réduit de fusée et court à la fenêtre du salon. Du cinquantième étage, la ville qui s'étale à ses pieds lui paraît avoir été miniaturisée, comme sa fusée. La tête lui tourne un peu et il doit vite s'agripper au rebord. Très loin, en bas, il reconnaît la silhouette de Cyrus. Son voisin et ami achève de déneiger l'entrée de la petite maison de la ville où il ne vient que trop rarement.

— Il n'y a pas une minute à perdre, songe Gulliver. Je dois voir Cyrus. Il saura répondre efficacement à ma question.

Il enfile ses bottes, attrape son anorak suspendu au crochet de l'entrée et sort de l'appartement. Trépignant d'impatience, il se dirige vers les ascenseurs.

— Pourvu que j'arrive à temps, marmonne Gulliver entre ses dents. Pourvu que Cyrus n'ait pas fini de déneiger son entrée.

Les portes du troisième ascenseur s'ouvrent enfin. Le garçon s'y engouffre aussitôt et descend au rez-de-chaussée. Il traverse le vestibule désert et sort en courant. Dehors, l'air est vif et piquant. Haletant, Gulliver arrive auprès de Cyrus qui range déjà sa pelle et s'apprête à se réfugier chez lui.

— Eh bien ! Eh bien ! Est-ce que le feu s'est déclaré au sommet de ta tour ? se moque gentiment le savant chauve.

— Non, lui répond le garçon en reprenant son souffle. Mais une question me brûle les lèvres : pourquoi les astronautes n'ont-ils pas le vertige lorsqu'ils sont dans l'espace ?

— Mais beaucoup d'astronautes ont le vertige, corrige Cyrus.

— Ah oui ? s'étonne Gulliver.

Et, encouragé par le bon regard de son ami, il avoue :

— Moi aussi, j'ai le vertige. Ce n'est pas très agréable. J'ai souvent peur et tout le monde se moque de moi au cheval d'arçon.

— Ils ont tort, le rassure Cyrus. C'est normal d'avoir le vertige. Tu vois, aucun test ne permet de savoir si le futur astronaute est ou non sujet au vertige.

— Comment font-ils alors ? demande Gulliver avec une pointe d'inquiétude.

— Eh bien, le programme spatial prévoit qu'un astronaute ne sortira jamais en scaphandre avant le quatrième jour.

— Pourquoi 4 jours ? demande le garçon. Parce qu'après ils sont guéris ?

— Pas tout à fait, répond Cyrus, amusé. Mais ce laps de temps permet au système nerveux de s'adapter à l'absence de gravité. Durant les deux ou trois premiers jours, la moitié des astronautes envoyés dans l'espace souffre de vertige.

— Je ne suis donc pas si anormal, se réjouit Gulliver.

— Mais non. Au bout de 2 ou 3 jours, le système nerveux des astronautes s'adapte et les sensations de vertige disparaissent. Ils peuvent alors travailler. Tu imagines les difficultés qu'ils éprouvent lorsqu'un geste aussi anodin que celui de tourner la tête à gauche ou à droite provoque des étourdissements et des nausées ?

Gulliver ne répond pas. Il se revoit agrippé au cheval d'arçon et aux anneaux, et éprouve aussitôt les mêmes déplaisantes sensations.

Il remercie Cyrus et s'éloigne en titubant. Il pénètre dans l'immeuble qu'il habite et où les ascenseurs sont maintenant en panne…

Un record à battre !
L'homme qui a vécu le plus longtemps dans l'espace est un cosmonaute du nom de Gennady Padalka. En cinq missions, il a passé 879 jours à bord de la station spatiale *Mir*, puis plus tard à bord de la Station spatiale internationale.

Est-ce que les animaux ont une pomme d'Adam ?

Assise sur les genoux de son père, Solveig écoute attentivement l'histoire merveilleuse qu'il invente au fur et à mesure. Elle se laisse doucement bercer par sa voix grave et mélodieuse. Au moment où Goupil, le héros de l'histoire, va être capturé, la petite fille ouvre les yeux.

Silencieuse, elle observe la petite boule qui bouge dans le cou de son papa, qui monte et descend au fil des mots qui roulent en cascade. La petite fille se demande soudain si les animaux, comme Goupil, ont eux aussi cette drôle de protubérance que l'on nomme *pomme d'Adam*. Solveig interrompt brutalement le flot de paroles magiques :

— Peux-tu m'attendre un instant ?

Sans attendre la réponse, elle saute en bas des genoux de son père médusé.

— Il est presque six heures. Cyrus doit être chez lui maintenant, dit-elle avec espoir.

— Mais quelle mouche t'a piquée ? s'étonne monsieur Bigarlou.

— Je reviens dans deux minutes, lance la petite fille en claquant la porte derrière elle.

Cyrus allait passer à table. Il répond tout de même de bonne grâce :

— Oui. Les animaux ont une protubérance équivalente à la pomme d'Adam des humains, mais elle est moins développée.

— Et ça sert à quoi ? demande Solveig en acceptant distraitement la chaise que lui tend Cyrus.

— Ce sont des cartilages et ils protègent les cordes vocales, le larynx ainsi que la glande thyroïde.

Cyrus décroche un gros jambon du plafond et en taille méticuleusement de fines lichettes pour lui et son invitée.

— Sers-toi. Pour revenir à la pomme d'Adam, on peut très bien la voir chez les singes hurleurs, par exemple.

— Les quoi ? demande Solveig, qui manque de s'étouffer avec son jambon.

— Les singes hurleurs. Une espèce chez qui les cordes vocales sont particulièrement développées.

— Ah oui ? Et pourquoi ?

— Parce qu'ils les utilisent pour hurler. Une manière efficace de protéger leur territoire et aussi d'attirer l'attention des femelles de leur espèce.

En entendant ces dernières paroles de Cyrus, Solveig fronce les sourcils. Elle imagine mal qu'on puisse être charmée par des hurlements.

— Tu ne sembles pas convaincue, remarque le savant.

— Hum ! fait la petite fille. Ces singes paraissent avoir de drôles de manières.

— Les animaux utilisent très souvent les cris pour faire la cour aux femelles, Solveig.

On gratte à la porte. Cyrus se lève aussitôt et laisse entrer Gratte-Bedaine. Le saint-bernard, qui a reconnu Solveig et reniflé le jambon, s'approche joyeusement.

— Gratte-Bedaine a-t-il lui aussi une pomme d'Adam ? demande Solveig en lui grattant le cou. Je ne vois rien.

— Tous les mammifères en ont une. Mais on la remarque surtout chez ceux qui ont une posture érigée ou semi-érigée. Chez les quadrupèdes, comme Gratte-Bedaine, on ne la voit pas, car elle est cachée par la peau de leur cou.

Rassasiée de jambon et d'explications, la petite fille rousse se lève, lisse les plis de sa jupe écru et s'apprête à repartir.

— Tu t'en vas déjà ? s'étonne le savant.

— Oui. J'ai hâte de connaître la fin de l'histoire.

— La fin de quelle histoire ?

— Celle que mon père invente chaque jour depuis près de trois ans.

— Il te raconte tous les jours une histoire ? Tu en as de la chance !

— Oui, je crois que c'est ainsi que mon père soigne ses cordes vocales, dit-elle, moqueuse.

La main sur la poignée de cuivre, elle ajoute avec un sourire :

— C'est mieux qu'avec des hurlements, non ?

La voix humaine comporte un large registre. Pour les hommes, on distingue, de la basse à l'aigu : basse, baryton, ténor. Pour les femmes : alto (ou contralto), mezzo-soprano et soprano.

Pourquoi l'eau est-elle transparente ?

— Oh ! dit Antra en se retournant. Vous étiez là !

— Je passais, dit Cyrus, et je t'ai vue contempler l'eau. Tu cherches quelque chose ?

— Oui, moi ! dit fièrement Antra. Je me regarde. C'est comme un miroir. À condition que personne ne fasse bouger l'eau en y jetant des cailloux, ajoute-t-elle, sévère.

— Je ne voulais surtout pas te déranger, dit Cyrus.

— Puisque vous êtes là, je vais vous demander une chose. L'eau peut être comme un miroir, mais on voit aussi à travers. J'ai vu trois sangsues, des

œufs de grenouille et plein de petits poissons. Pouvez-vous bien me dire pourquoi l'eau est transparente ?

— À cause de sa structure moléculaire, c'est-à-dire la façon dont les molécules sont organisées, l'eau laisse passer toutes les couleurs de la lumière à la fois. Si l'eau d'une piscine semble bleue, c'est que le fond de la piscine est bleu. La lumière traverse l'eau et se rend au fond. Le fond absorbe toutes les couleurs de la lumière, sauf le bleu.

— Mais ici le fond n'est pas bleu, c'est une espèce de gris-brun sale…, dit Antra. Le fond a absorbé toutes les couleurs de la lumière sauf le gris-brun sale ?

— Oui. Mais ce n'est pas tout. L'eau n'est pas transparente, elle est translucide, dit lentement Cyrus.

— Translucide ? C'est un mot que j'aime, dit-elle en enroulant une mèche de cheveux autour de son doigt.

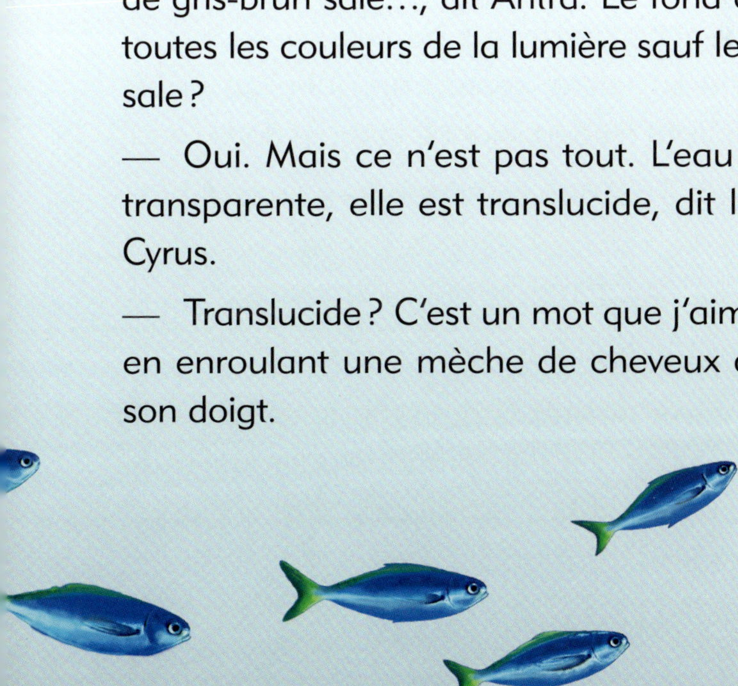

— Translucide. Définition : qui laisse passer la lumière, mais ne permet pas de distinguer nettement les objets.

— Et transparente ?

— Transparente. Définition : qui laisse passer la lumière et paraître avec netteté les objets qui se trouvent derrière.

— Mais je voyais très bien les petits poissons ! rouspète Antra.

— Pas aussi bien que s'ils étaient hors de l'eau ! précise Cyrus. Regarde.

Cyrus se penche au-dessus de l'eau, remonte la manche de sa veste, reste immobile un court moment et, tout à coup, plonge la main dans l'eau.

— Tiens, dit-il à Antra en lui tendant un tout petit poisson.

Antra recule, dégoûtée à l'idée que cette petite bête pourrait la toucher.

— Vous n'avez pas répondu à ma question ! fait-elle, un peu insolente. J'ai demandé pourquoi l'eau est transparente. Euh... translucide. Pas si elle est transparente ou translucide.

— Soyez polie, jeune fille, et vous aurez la réponse. Vois-tu, Antra, si l'eau laisse passer la lumière, c'est qu'elle est propre. L'eau calme du lac laisse passer la lumière et te permet de voir ce qu'il y a sous l'eau. Si tu remuais le fond de l'eau avec une branche, le sable, les feuilles en décomposition, les petites plantes aquatiques brouilleraient l'eau et t'empêcheraient de voir. La lumière ne pourrait pas se rendre au fond de l'eau.

— Ah ! dit Antra, un peu plus gentille.

— Il y a des endroits où l'eau est tellement limpide, tellement claire, qu'on voit à des mètres et des mètres sous sa surface... Mais ce qu'on voit est toujours un peu déformé, car les rayons lumineux sont déviés lorsqu'ils passent dans l'eau.

— Je sais ! dit Antra. J'ai bien remarqué que le petit poisson n'était pas exactement comme je l'avais vu sous l'eau... Il était plus gros.

— Ah, tu sais tout, Antra ! C'est merveilleux, n'est-ce pas ? dit Cyrus en s'éloignant.

Antra hausse les épaules et se penche au-dessus de l'eau en espérant s'y voir comme dans un miroir, belle comme une princesse...

Le croirait-on ? 97,4 % de l'eau qui recouvre la Terre est salée. L'eau douce représente seulement 2,6 % de toute l'eau de la planète.

L'atmosphère en contient 0,001 %, les lacs et les rivières 0,013 %, les eaux souterraines 0,592 %, les glaces et la neige 1,983 %.

Pourquoi les vers de terre sortent-ils après la pluie ?

— C'est dégoûtant, fait Charline.

Elle marche avec précaution, cherchant à éviter les vers de terre qui rampent sur le chemin détrempé. Soudain, à quelques mètres devant, Joseph et ses meilleurs amis lui barrent le chemin.

— Viens, Charline, lui dit le garçon. Nous avons un cadeau pour toi. De beaux gros vers bien grassouillets !

Charline revient sur ses pas aussi vite qu'elle le peut. Tant pis si elle marche sur des vers. Elle arrive enfin chez Cyrus, pousse violemment la grille et se rue sur la sonnette.

— Cyrus ! Cyrus ! crie-t-elle avec des accents de désespoir. Ouvrez ! Je vous en prie, ouvrez !

Elle entend avec horreur les pas de Joseph et de ses amis qui franchissent à leur tour la grille laissée ouverte.

— Cyrus est absent. Je suis perdue, perdue…, murmure-t-elle.

Un méchant sourire de triomphe sur les lèvres, Joseph et ses amis s'avancent lentement, brandissant de grands vers de terre qui se tortillent au bout de leurs doigts.

— Eh bien ! Eh bien ! gronde Cyrus en ouvrant brusquement la porte. Que se passe-t-il ici ?

Surprise, Charline tombe dans les bras du savant.

— Voulez-vous bien remettre ces lombrics dans le jardin, ordonne Cyrus aux garçons. Et entrez vite vous mettre à l'abri.

— Je ne veux pas entrer avec eux, gémit Charline.

— Allons, les tance l'érudit. Cessez vos disputes.

Il installe les enfants autour de la cheminée où pétille un feu de bois.

— Pourquoi les vers de terre sortent-ils tous lorsqu'il pleut ? larmoie Charline.

— Pour faire peur aux filles, répond aussitôt Joseph.

Devant le regard noir que lui lance Cyrus, le garçon regrette aussitôt sa boutade.

— Les vers de terre sont attirés par l'humidité, dit Cyrus. Ils ont besoin d'eau pour se nettoyer, s'humidifier et respirer, car ils respirent par la peau.

— Est-ce qu'ils ont peur de se noyer s'ils restent dans la terre lorsqu'il pleut beaucoup ? demande Joseph, qui a beaucoup à se faire pardonner.

— C'est plutôt le dessèchement qui constitue un grand danger pour le lombric, leur explique Cyrus. Durant une période de sécheresse, il s'enroule sur lui-même dans une cavité tapissée de son propre mucus. Ainsi évite-t-il de se dessécher. Mais la pluie les menace aussi : elle inonde leurs galeries, et les lombrics doivent monter à la surface en attendant que le sol redevienne habitable.

— Je déteste les vers de terre, admet Charline en jetant un rapide coup d'œil à Joseph. Pourquoi existent-ils ?

— Les lombrics sont d'une très grande utilité. Sans leur action incessante d'aération et de brassage, de transformation des débris végétaux, sans la porosité due à leurs déjections, la terre, du moins celle qui n'est pas cultivée, aurait tôt fait de devenir froide, compacte et dépourvue de fermentation, donc stérile.

— Ah, se contente de dire Charline.

— Mais les vers ne sont pas des jouets, gronde Cyrus en s'adressant aux garçons. S'ils n'ont pas d'yeux ni d'oreilles, leur épiderme en revanche est très sensible, même à la lumière.

— Je l'ignorais, admet Joseph en toussotant.

Le savant fait une pause avant de demander :

— Promettez-moi qu'à l'avenir vous laisserez les vers de terre à leurs occupations.

— Promis, jure Joseph.

Mais, en sortant de chez Cyrus, il glisse à l'oreille de Charline :

— Je n'ai pas promis de ne pas te tirer les tresses…

En Inde, après des périodes de fortes pluies, on a vu des lombrics se réfugier sur des hauteurs et dans des arbres, pour éviter sans doute d'être submergés.

Peut-on dessaler l'eau salée ?

Somerset sort du magasin avec une grande bouteille d'eau de source bien froide qu'il débouche aussitôt. Il fait une chaleur accablante et la soif le dévore. Il se dirige vers le port où il déniche sans peine le savant occupé à ravauder ses filets de pêche.

— Bonjour, Somerset, lui dit ce dernier avant même d'avoir levé le nez. Tout à l'heure, je t'ai vu jouer dans la mer. Tu t'amusais bien ?

— Oui, j'adore jouer au naufragé. J'aime me prendre pour Robinson, mais l'eau de la mer est beaucoup trop salée pour être bue et il fait très chaud aujourd'hui. Perdu au milieu d'une immensité d'eau, j'avais soif, n'est-ce pas idiot, Cyrus ?

— Tu n'es pas le premier marin à souffrir de la soif en mer, aussi paradoxal que cela puisse paraître.

— Dites-moi, Cyrus, est-il possible de dessaler l'eau de mer ?

— Bien sûr, mon garçon, mais pas sur un radeau !

— Comment est-ce possible ?

— Il existe plusieurs façons. Une des méthodes utilisées est la distillation. Tu pourrais même l'expérimenter chez toi.

— C'est donc si facile ?

— Il suffirait de faire bouillir de l'eau de mer et de récolter la vapeur grâce à un tuyau relié à un bol, par exemple, explique l'érudit. Le sel contenu dans l'eau demeurera au fond de la bouilloire et la vapeur d'eau qui s'échappera sera pure.

— Je ne suis pas certain que ma mère apprécierait l'expérience, réfléchit Somerset. Existe-t-il une autre méthode ?

— L'évaporation solaire, répond aussitôt le savant en s'emparant d'un autre filet. Certaines municipalités situées en bordure des océans ou des mers utilisent cette méthode peu coûteuse.

— Comment font-elles ?

— Par de petits canaux, on fait entrer l'eau dans un grand champ. L'eau arrive dans plusieurs réservoirs peu profonds. Leur fond est noir afin d'absorber davantage l'énergie solaire. Chaque petit réservoir est recouvert d'un toit…

— En plastique ? demande Somerset.

— En plastique ou en verre, lui répond Cyrus.

— Comme pour une serre ?

— Tout à fait, dit Cyrus. Le soleil chauffe l'eau qui s'évapore et se condense sur le toit avant de retomber dans un autre réservoir. C'est là qu'on récolte une eau presque pure.

— Comme celle qui s'échapperait de la bouilloire de ma mère si je tentais l'expérience ? demande Somerset.

— C'est exactement le même principe.

— Ce sont les seules méthodes qui existent ?

— Il y a aussi la méthode dite de l'osmose inversée.

— Ça a l'air compliqué, remarque le garçon.

— Un peu plus. Il s'agit de faire passer l'eau sous pression à travers des filtres qui retiennent le sel.

Cette méthode est plus coûteuse parce qu'elle requiert de l'électricité pour actionner les pompes.

— C'est tout ? demande Somerset.

— Il existe une autre méthode, c'est l'électrodialyse.

— Et ça consiste en… ?

— On fait passer l'eau à travers une cartouche remplie de millions de billes composées de résine. Celles-ci emprisonnent le sel de l'eau. Cette méthode est très coûteuse.

— En fait, conclut Somerset, aucune de ces méthodes ne permet d'apaiser la soif d'un naufragé à la dérive…

— Non. La seule méthode efficace dans ce cas, c'est la prévoyance !

Métier : océanographe.

L'océanographie étudie les fonds marins et les littoraux, la salinité de l'eau, les courants, les variations de température de l'eau, sans oublier les habitants des mers, animaux ou végétaux.

Imaginez la vie avec Cyrus !

C'est le bonheur dont doivent rêver tous les saint-bernard. Chaque fois que mon maître termine un tome de sa vaste encyclopédie qui raconte, j'attends impatiemment la suite pour voir si j'y serai. M'avez-vous aperçu dans le livre ?

J'espère vous retrouver au prochain tome !

Remerciements

Merci à Ève Christian, physicienne, météorologue et chroniqueuse scientifique.

Index

Table des matières

À lire également :

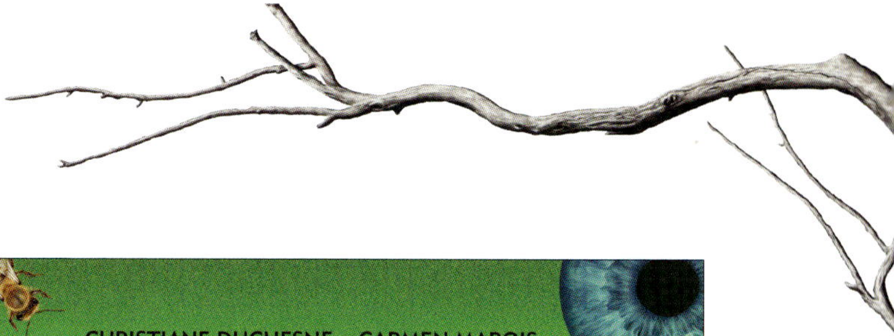

CHRISTIANE DUCHESNE • CARMEN MAROIS
Cyrus
l'encyclopédie qui raconte 3
Comment peut-on différencier un dinosaure mâle d'un dinosaure femelle ? De quoi un arc-en-ciel est-il fait ? Pourquoi les nouveaux-nés ont-ils les yeux bleus ? Comment font les abeilles pour retrouver leur ruche ?
Québec Amérique

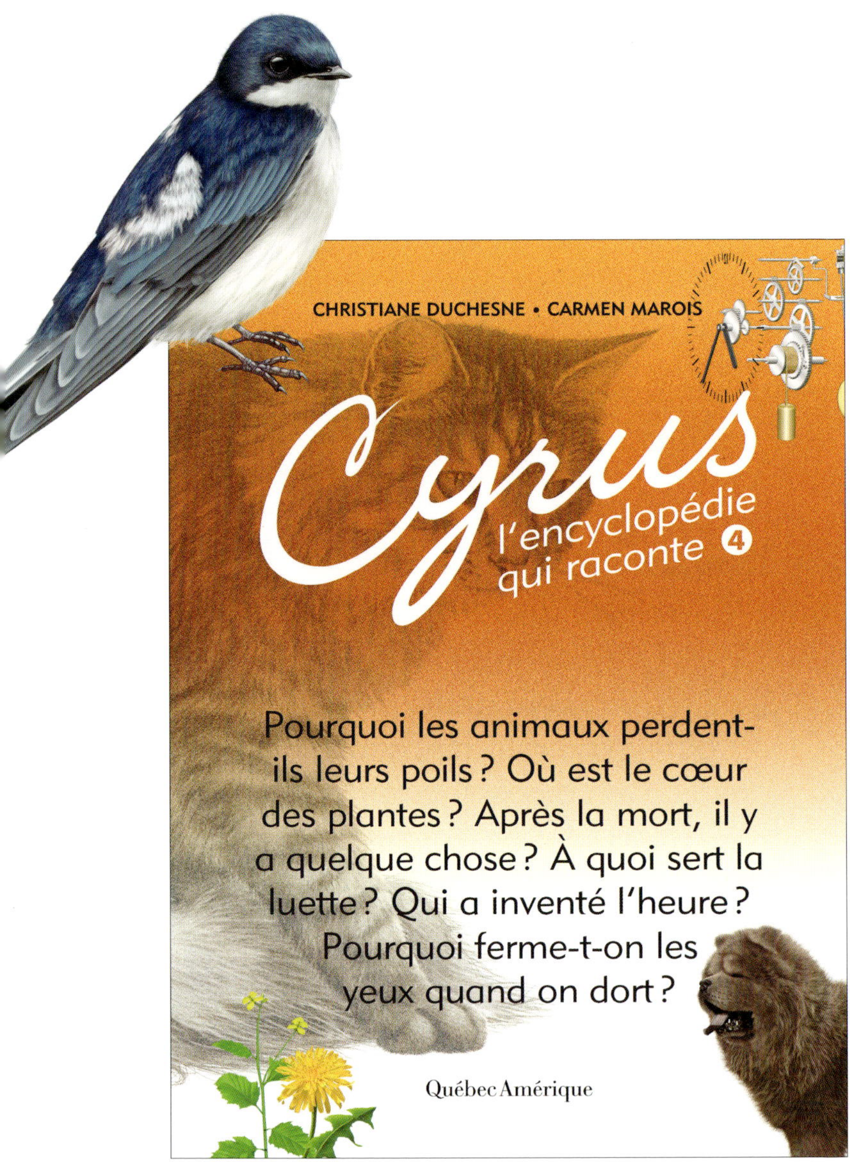
CHRISTIANE DUCHESNE • CARMEN MAROIS
Cyrus
l'encyclopédie qui raconte 4
Pourquoi les animaux perdent-ils leurs poils ? Où est le cœur des plantes ? Après la mort, il y a quelque chose ? À quoi sert la luette ? Qui a inventé l'heure ? Pourquoi ferme-t-on les yeux quand on dort ?
Québec Amérique

Bientôt disponibles
dans la nouvelle édition :
Tomes 5 à 12